木が2本、立っています。
とがった枝枝が天高く、星空をつかまんばかりに伸びています。

東の地平線から、大きな明るい星がのぼってきました。
すると片方の木の枝にとまった雄鶏が、鋭くひと声、鳴きました。
わずかに白み始めた空にもまだ、星は煌々《こうこう》と輝いて見えます。

空はだんだん明るくなり、やがてのぼってきた太陽の鋭い光が、闇をあとかたもなく打ち消しました。
星々も姿を消し、雄鶏はもう一度、甲高く時を作りました。

雌鶏が一羽、木の根元に近づいてきました。
枝の上を見上げています。

SANNEN NO HOSHIURANAI
GEMINI
2024-2026
ISHIIYUKARI

3年の星占い
双子座
2024-2026

石井ゆかり

すみれ書房

はじめに

こんにちは、石井ゆかりです。

本書は2024年から2026年の3年間、双子座の人々が歩んでゆくかもしれない風景を、星占いを用いて描いた1冊です。

3年という時間は短いようで長く、奥行きも深く、ひとまとめにして描き出すのは容易ではありません。本書はシリーズ4作目となるのですが、どう書けば読者の心に生き生きとした「3年」が浮かび上がるだろう、と毎回悩みます。短い小説を書いてみたり、おとぎ話ふうに仕立てたりと、これまでさまざまに試行錯誤してきました。

そこで今回たどり着いたのが「シンボル（象徴）」です。

世の中には「シンボル」がたくさんあります。「フクロウは『不苦労』で縁起がよい」「鳩は平和のシンボル」など、置物やお菓子のモチーフになったりします。ニューヨークの「自由の女神像」のような大きなものから、襟元につける小さな「てんとう虫のブローチ（幸運を呼ぶ）」まで、人間は森羅万象、ありとあらゆるものに「意味」を見いだし、それを自由自在にあやつって、ゆたかな精神世界を編み上げてきました。

象徴など信じない、という科学的思考のはびこる現代社会にも、たとえば「国旗」「県の花」などがバッチリ制定されていますし、会社を設立すればたいていは、すぐにロゴとマークを制作し、名刺などに刷り込みます。これらも立派な象徴、シンボルです。現代を生きる私たちも、まだまだシンボルを手放したわけではないのです。

実は「双子座」「蟹座」などという星座、さらに「木星」「土星」などの惑星も、私たちがそこに意味を見いだした象徴、シンボルそのものです。

「シンボル」には、いい意味も悪い意味もあります。たとえば「サル」は賢さを象徴する一方で、ズルさを表すこともあります。たいていのシンボルは両義的、つまり吉凶、善悪の両方が詰め込まれています。

「シンボル」に与えられた「意味」を調べるのは、辞書で単語の意味を引くのに似ていますが、その広がりは大きく異なります。シンボルはそれぞれがひとつの宇宙のようで、そのなかに実に豊饒な世界を内包しているからです。

さらに、シンボルは想像力、イマジネーションでできあがっているので、外界に対してかたく閉じているわけでもなければ、その世界のサイズが決まっているわけでもありません。どこまでも広がっていく世界、ときには外界から新風さえ吹きこむ世界が、シンボルの抱いているミクロコスモスなのです。

たとえば「双子座の人」「乙女座の人」と言ったとき、その人々のイメージをひと言で限定的に言い表すことは、とてもできません。同じ双子座の人でも、その個性はさまざまに異なります。でも、そこに何かしら、一本似通ったベースラインのようなものが感じられたとしたら、それこそが「双子座」というシンボルの「軸」の感触なのです。シンボルとはそんなふうに、広がりがあり、開かれてもいる「世界観」です。

多くの人が、好きな数字や花、なぜか自分と近しく感じられる場所などを、心のなかに大切にあたためて「特別あつかい」しています。あらゆる物事のなかから特別な何かを選び出し、自分とのふしぎな結びつきを読み取る心が「象徴」の原点にあるのだろうと、私は考えています。どれだけ科学技術が発達し、多くの人が自然科学にしか「エビデンス」を求めなくなっても、人の心が象徴を追いかける仕組みは、なかなか変わらないだろうと思います。

この3年間を生きるなかで、本書の軸となった「シンボル」が読者の方の心に、やさしい希望のイメージとしてよみがえることがあれば、とてもうれしいです。

3年の星占い ―双子座― 2024年-2026年 ◎目次

はじめに　4

第1章　3年間の風景

3年間の風景　14
・ふたつの「スタートライン」　15
・ひとつめのスタート　19
・個性化への覚醒　22
・星をつかむための、現実的努力　25
・自由な旅、情熱的な旅　29

・生み出す力、ゆたかさ　33
・庇護する力　36
・呼びかけへの応答、コミュニケーション　39
・神秘的な勝利、成功　44
・門をくぐって、聖なる世界から俗世へと出る　47

第2章 1年ごとのメモ

2024年　54
2025年　66
2026年　78

第3章 テーマ別の占い

愛について　88

仕事、勉強、お金について 101
家族、居場所について 114
この3年で悩んだときは――「変容」について 117

第4章 3年間の星の動き
2024年から2026年の星の動き 124

第5章 双子座の世界
双子座について 144

おわりに 150
太陽星座早見表 154
巻末折込：木星と土星の図表

ブックデザイン
石松あや
(しまりすデザインセンター)

イラスト
中野真実

DTP
つむらともこ

校正
円水社

1

3年間の風景

3年間の風景

冒頭の風景は、双子座の2024年からの3年間を見渡して、私が選んだ「シンボル」です。「なぞなぞ」のようなもの、と言ってもいいかもしれません。

以下にキーワードをいくつか挙げながら、「なぞなぞのたねあかし」をしてみたいと思います。

・ふたつの「スタートライン」

――雄鶏は二度鳴く

この3年間で、「夜明けがふたつ」おとずれます。

3年のなかで双子座の人々は、ふたつの大きなスタートラインを踏み越えていくことになります。

ひとつめは約12年のサイクル、そしてふたつめは、約84年サイクルのスタートラインとなります。

ひとつめのサイクルは人によっては9回か、もしかすると10回経験できるかもしれませんが、ふたつめは1回がせいぜいです。生涯一度もこのスタートラインを体験しない人もいます。

つまりふたつめのスタートラインは、「だれもがある程度の年齢になれば、かならず経験すること」ではないのです。人生に1回、あなた独自のタイミングで巡ってくるのが、この「ふたつめのスタートライン」です。

ひとつめのスタートラインは、伸びやかな拡大の起点です。成長のプロセスの最初のラインであり、どこか「入学」的な雰囲気があります。その節目感はわかりやすく、華々しく祝福される「門出」です。

一方、ふたつめのスタートラインのキーワードは「覚醒」です。

これは、真の個性化のプロセスへの入り口です。ほかのだれとも似ない、自分だけの道を歩き出す、その第一歩です。

このプロセスでは、だれの事例も、だれのアドバイスも、まったく参考にならないかもしれません。「平均」「ランキング」「ハウツー」等はほぼ、通用しないでしょう。だれの真似もできず、だれのあとについていくこともできないのです。

ふたつのスタートラインを越えていく体験は、あなたを変えるでしょう。セルフイメージやアイデンティティが変わりますし、何より、価値観や考え方が大きく変わります。

見た目が変わったとか、雰囲気が変わったなどと、周囲に言われる場面も増えるでしょう。

「社会人になる」「社会人としての自覚を持つ」とは、たいてい、学生時代を終えて就職するときに用いられる表現です。

でも、人が「自分は社会の一員である」という自覚を持つのは、本当に就職のときなのでしょうか。

社会とはどんなものか、そして自分とはどんな人間か、さらには、自分の人生と社会とがどのようにつながっているのか。

そのことを「自覚」するのは、「就職した」だけではたぶん、むずかしいだろうと思うのです。

この「3年」は、双子座の人々にとって、「社会人としての新たな自意識を持つ」タイミングと言えるかもしれません。「世の中」があなたの人生に流れ込んできて、あなた自身を深く、強く、変えていくのです。

新たな出会いがあり、学びがあり、人との化学反応のような融合が起こります。そうしたフレッシュで刺激的な体験を通して、あなたの人生に「世の中」がより自覚的なかたちで組み込まれるのが、この「3年」なのです。

・ひとつめのスタート

――雄鶏の声、1回め

2024年は5月末から、「約12年に一度の、人生の一大ターニングポイント」に入ります。ここから2025年6月上旬にかけて、木星の12年のサイクルのスタートラインがやってくるのです。

新たな「始まり」の時間であり、過去12年ほどのなかで積み上がったしがらみや不要な武器や防具をリリースする「リセット」の時間でもあります。

人生でそうしょっちゅうは起こらないようなイベント、たとえば引っ越しや転職、特別な出会い、結婚や出産、家族構成の変化、生活の激変などが起こりやすいときと言えます。

みずから一大決心をして、人生の新しいステージへと駆け上がっていく人もいるでしょう。長年勤めた職場を離れたり、実家から出て独立したりする人もいるかもしれません。

この時期は特に、出会いや社会的立場、キャリアに関する変転が多く起こるかもしれません。

人と関わり、世の中と関わることで、急激な成長が起こります。

自分という存在が外界に開かれていく、という手応えを感じられるでしょう。

２０２４年からタフな目標に挑み、試行錯誤を続けている人が多いはずですが、この時期は比較的スムーズに前に進めるはずです。

意外な出会いが膠着《こうちゃく》状態脱出の契機となったり、ふしぎなチャンスにピンチを救われたりするかもしれません。

基本的には「ひとりで闘う」状態のなかでも、2024年なかばから2025年なかばは、盛り立ててもらえたり、引っぱり上げてもらえたりと、何かとあたたかな「手」に恵まれるときなのです。

・個性化への覚醒

――雄鶏の鳴く声、2回め

自律、自立、独立、改革、革命。

この「ふたつめのスタートライン」にあなたを導く天王星という星は、たとえばこんなキーワードで語られます。

私たちは地球という星に生まれ、重力と大気に守られ、生まれおちてのち延々と周囲を見まわし続け、「世の中はどういうものか」をある段階まではほぼ無批判に吸収しながら育ちます。「常識とはこういうもの」「マナーとはこういうもの」「こういうときはこうするもの」という文化的観念を空気のように呼吸しながら成長するのです。

ゆえに、たとえば成長後に異文化と出会うと「カルチャーショック」を受けることになります。重力や空気中の酸素と同様に、それが「ある」と気づきさえしなかったものが、突然「存在している」と気づかされるからです。

「カルチャーショック」を通して発見される最大のものは「異文化」ではなく、自分の精神にしみついた文化の独自性です。

2025年夏以降、あなたは「カルチャーショック」のような体験をすることになるのかもしれません。

それは、今まで「これが当たり前の自分」「これが自分らしさ」だと思っていたことが、「実はそれほど自然なことでも、当たり前のことでもなかった」という発見です。

自分という存在にまつわるあらゆるイメージ、アイデンティティを、みずから一度徹底的に分解し、新しい部品をたくさん導入して、新たにゼロから組み上げるような作業が、ここから始まるのです。

・星をつかむための、現実的努力

――星に届きそうな、2本の樹木

手が届かないものの象徴として、「星」があります。
2024年から2026年の双子座の人々は、星のような、かぎりなく高みにあるものを目指すことになります。
「かぎりなく高みにあるもの」「星のようなもの」のことは、すでに2012年ごろから、あなたの夢であり、理想であり、目標だったのではないでしょうか。

2024年のスタート段階で、あなたの目にはその目標が、はっきり映っています。

過去数年と違うところは、あなたがその「星」を本気でつかもうとして、もしかすると2026年までに、それをつかんでしまうかもしれない、という点です。

冒頭の風景では、樹木が夜空を衝き上げるようにまっすぐ立ち上がって、下から見れば枝先が星に触れているように見えています。

このイメージのとおり、あなたは2026年ごろ、長いあいだあこがれた星に触れているかもしれないのです。

樹木が育つのには時間がかかります。

この「3年」のあなたもそれに似て、じっくり時間をかけて成長します。

樹木の苗をじっと見つめていても、なかなかそれが「大きくなっている」とは感じられません。

それと同じで、あなた自身はリアルタイムで、自分が「成長している」ということを、この時期はなかなか感じにくい場面も多いだろうと思います。

がんばっているのに、結果がなかなか出ないとき、だれでもつらくなるものです。この「3年」のあなたも、手が届きそうもない星に手を伸ばし続けることに苦痛や虚しさを感じるかもしれません。

それでも、コツコツ続けていくことに、今は意味があります。

2012年からあこがれ続け、見つめ続けたあなたの「星」、あのきらめく目標は、きっとあなたの努力に応えてくれるはずなのです。

冒頭の風景のなかで、2本の木にはまだ、葉がありません。

時期はおそらく、冬なのです。

2024年から2026年、自分を取り巻く環境が「冬」のように感じられる場面もあるだろうと思います。

でも、樹木は冬のあいだも、その枝のなかに、幹の内に、春の芽吹きを準備し続けています。

あなたもまた、この3年間、ときに孤独や徒労を感じながらも、確実に準備を続けます。

そして、芽吹きは決して遠い未来のことではありません。２０２６年までには、春を感じさせる風が吹き始めます。

夜明けも、鳥の作る時の声も、あなたの置かれた状況が希望に満ちていることを意味します。

・自由な旅、情熱的な旅

――雄鶏、とさか

双子座はもともと「旅の星座」です。

双子座のもとに生まれた人々は根っからの旅人であり、ひとつの場所にじっとしていることを嫌います。

ですが、2020年からの「コロナ禍」では、そんな双子座的熱望が、世界的に強く抑圧されました。

２０２４年から２０４３年ごろまでの長きにわたり、双子座の人々の旅への情熱は、勢いよく解き放たれます。あるいは、旅に出るのでなくとも、遠い世界とあなたの生活が常に、密接に結びつくことになるのかもしれません。

たとえば、海外の都市の時間を示す時計と、自分がいる場所の時計とを、同時に眺めながら日々の活動を進める、そんな生活に飛び込んでいく人もいるだろうと思います。

現代社会では、旅行はそれほど危険なこととは見なされません。

ですが一昔前までは、旅は大変危険なことでした。

旅路には追いはぎや海賊など、旅人を襲う盗賊がはびこっていました。さらに移動手段による事故、遠い場所での病気、遭難、そのほかあらゆるトラブルが旅する人を待ちかまえていたのです。

そんな危険を冒してまで人々が旅をしたのには、熱い理由がありました。

宗教的な巡礼の旅、一旗揚げようという商人たちのキャラバンの旅、高名な師に教えを請おうとする知的好奇心からの旅など、危険への恐怖を凌駕する情熱や野心が、旅人たちの胸に燃えていたのです。

この時期からのあなたの胸にも、そんな熱い思いがいつにも増して、燃えさかることになるようです。第三者には到底理解できないような激しい旅への野心が、あなたの人生を新しい方向に押し出していく可能性があるのです。

雄鶏のとさかは、古く「愚者」の象徴とされることがありました。

タロットカードの「愚者（The Fool)」は、旅人の姿をしています。

なぜ旅人が愚者なのか、とは諸説ありますが、前述のとおり、旅は危険なものです。危険なところにわざわざ出かけていくのは、賢いことではありません。

安全、安心、まちがいのない人生だけを目指す「賢い人」たちにとって、冒険旅行などは愚の骨頂です。

でも双子座のあなたには、「愚者」の真の叡智がわかっているはずです。

現代社会では何か行動を起こそうとするとすぐ「なんのために？」と訊かれます。

ですが旅は、旅、それ自体のための活動です。

なぜ旅に出るのか、利害関係や損得で説明できるようなら、その旅は無益に終わる可能性があります。

でも、すべての旅は、それがどんなかたちになろうとも、決して「無益」ではあり得ません。旅は旅すること自体を目的とする行為で、旅に出たということだけですでに、なんらかの「益」が発生しています。

これからあなたが心を燃やす旅は、そうした旅なのだろうと思います。

・生み出す力、ゆたかさ

――雌鶏、卵を生むもの

2025年なかばから2026年なかばは、平たく言って「金運のいいとき」です。

自分自身の手で、価値あるものを生産したり、獲得したりできるのです。

「手に職をつける」人も多いでしょう。

才能を活かして収入を得る方法を見いだしたり、資格を取ったり、自分の手で作ったものが高値で取引されたりと、新しい経済力を身につけられるときです。

２０２３年から、仕事のプレッシャーが強まったり、責任が重みを増してストレスを感じたりしている人も少なくないはずです。

そうした苦労に対して、２０２５年なかばから２０２６年なかば、正当な報酬が得られます。収入が上がったり、生産量が増えたりするのです。

２０２３年から「がんばっているのになかなか結果を出せない」「徒労感、無力感に苛《さいな》まれる」といった状態にあった人も、２０２５年なかばになると、充実した手応えを感じられるようになります。

対外的な仕事にかぎらず、日々の自分の努力に対して正当な見返りを得られていない、と感じている人は、２０２５年なかば以降、きちんと声をあげて権利を主張し、取るべきものをしっかり取れるようになるでしょう。

雌鶏は卵を生みます。おとぎ話のなかでは「金の卵」を生むこともあります。

２０２５年初夏以降、あなたの手のなかから「金の卵」のような、ミラクルな価値のあるものが生まれるのかもしれません。

・庇護する力

――雌鶏、ひなを守るもの

古くから、雌鶏はその羽交いのなかにひなを守る「庇護者」の象徴とされてきました。

庇護する者、守る者は、ときに管理者であり、権力者でもあります。

たとえば学校の先生は、ときにやさしく、ときに厳しく指導し、何より子どもたちの理解者であることが求められます。

ブロードウェイ・ミュージカル『シカゴ』のなかで、女性囚人たちをまとめる看守の女性が「檻のなかのニワトリたちに聞いてみて　私がいちばん大きな雌鶏だと言うから」という一説があります。「雌鶏」の彼女は、庇護者であり、管理者であり、監視者であり、実は賄賂を搾取する取引先でもあるのです。

庇護する者の力は、あくまで使いようです。

その力の作用によっては、庇護されるものに大きな利益をもたらすこともあれば、そうはならない危険もはらんでいるのです。

2023年から2026年前半にかけて、あなたはそうした「庇護者」に求められるさまざまな役割を、複合的に果たしていくことになるようです。

やさしくすることが「守る」ことになるのか、それとも厳しくしなければ守れないのか。闘う相手は外敵なのか、守るべき対象なのか、それとも、自分自身なのか。守ろうとする責任感や義務感が強ければ強いほど、迷いも深まるかもしれません。

その「守ろうとして迷う姿」そのものが、守るべきものを守る力として作用することもあります。たとえば「性急に答えを出そうとせず、よりそっていっしょに悩んでくれた」ということ自体が、ひとつの答えになる場合があるのです。

責任ある立場に立つと、「自分が絶対的な正解を持っていなければならない」という誤謬《ごびゅう》に陥りがちです。責任ある立場に立ったがために、「まちがいのない自分」を求めすぎて、肝心なときに肝心な判断を下せなくなる、という失敗も起こります。

おそらくこの2023年から2026年という時間帯は、「世の中には100％の正解はない、だから、責任を持って悩み、判断していく」ということ自体が、あなたのひとつの大きなテーマなのだと思います。

雌鶏に守られるひなたちも、いつかは羽の色が変わり、大きくなって、羽交いの外に出て行きます。そのときにはじめて、自分の判断が正しかったのかどうか、わかるのかもしれません。

・呼びかけへの応答、コミュニケーション

——雄鶏と雌鶏の呼応

あなたの「コミュニケーション」の部屋にこの3年間、活気ある星々が行き来します。

たくさんの人と声をかけ合い、対話が生まれ、そのなかでもしかすると、半永久的につきあえる真の友に巡り会えます。

長く離れていた仲間や友だちと再会し、まったく新しい関係を「紡ぎ直す」ような展開もあるかもしれません。

この場合もまた、その関係は長く続いてゆくでしょう。


昨今ではSNSなどで多くの人が、不特定多数の人々に向けて「発信」をしています。そこにはさまざまな反応が寄せられます。うれしい反応もあれば、心痛むような反応もあり、ときには深く傷ついてしまう人もいます。

コミュニケーションの広がりは、旅と似ています。何が起こるかわからず、決して安全なものではないのです。

それでも、人は人と結びつき、多くの関わりを作りながら生きていきたい、と望みます。

「コロナ禍」で人と人が直接出会う機会が制限されたぶん、ヴァーチャルな出会いや、コミュニケーションツールを通しての出会いが増えているのかもしれません。

地縁や血縁を通してその人のバックグラウンドを自然に知りながら出会う、というかたちは、もはや過去のものです。

コミュニケーションは今、新しい時代の荒波のなかで、大きな危険を内包しつつも、ふくらみ続けています。

双子座はもともと、「コミュニケーションの星座」です。新しい時代のコミュニケーションのかたちにも、もっとも早くキャッチアップし、上手に使うことができる人々と言えます。

ただ、双子座の人々は「危険なものに魅せられる」ところもあります。奇妙なもの、変わったもの、安全かどうかわからないものにもすうっと近づき、そのおもしろさを味わってみたい、と感じるのです。

2024年後半から2025年前半は特に、コミュニケーションにスリルを求める気持ちが強まるかもしれません。なかには議論をしかけたり、重要な問題提起をしたりして、みずから「勝負する」人もいそうです。

２０２６年なかばから２０２７年なかばは、大きな対話と学びの季節となっています。この時期のあなたはスリルよりも、充実した知的刺激や自己の成長を求めるでしょう。

あるいは２０２４年後半からの1年弱で切りひらいたフィールドを、２０２６年後半からの1年で立派な街のような「コミュニケーションの場」として建設することになるのかもしれません。

この3年間のコミュニケーションの広がりは、その先にある種の「輪」を生み出すことにつながっています。

たとえば、ＳＮＳ上で日々、なんとなく雑談を重ねる「いつものメンバー」が、あるとき突然集まって、定期的に集うサークルや、いっしょに活動するチームのように結束していく、といったことも起こるかもしれません。

鶏は群れを作ります。

双子座の人々はあまり「群れる」ことは好きではないようですが、それでも気心の知れた仲間といっしょに行動することは、楽しく感じられるはずです。

特に、心からわかり合える仲間、なんでも語り合える仲間の存在は、「双子」座であるあなたにとって、本当は「必需品」なのです。

この時期、そんなたしかな友、仲間を、広いコミュニケーションの輪のなかから、見いだせるかもしれません。

雄鶏の声が雌鶏を呼び寄せたように、あなたの言葉がだれかの心に響いて、その人を「呼び寄せる」ことになるのかもしれません。

・神秘的な勝利、成功

――ライオンでさえ、雄鶏を怖がる

この3年のなかで、あなたは大きな「勝利」を収めることになります。
ただ、その「勝利」は一瞬で決まるようなものではありません。
努力や研鑽、献身などを日々、積み重ねていった先に、大きな功《いさおし》が成し遂げられます。

世の中にはさまざまな力があり、私たちは他者からの力にどう対抗するか、それを考え続けながら暮らしているようなところがあります。

ホッブズは、世の中を「万人の万人に対する闘争」と表現しましたが、人と人とが絶えず「たたき合う」現代社会では、この言葉がとてもリアルに感じられます。

権力、財力、支配力、暴力、魅力、発信力、その他もろもろ、私たちはさまざまな力を使う一方で、多くの力に傷つけられながら生きています。

そんななかで、いったいどんな「勝利」があり得るでしょうか。

どんな「勝利」なら、心から信じられるでしょうか。

たとえば、古い言い伝えに「ライオンでさえ、雄鶏を怖がる」というものがあります。雄鶏の上げる声に、百獣の王も、おびえるのです。

雄鶏は、ライオンに力で劣ります。

でも、ライオンをおびえさせる「力」を、雄鶏は持っているのです。

ただ大きな声にびっくりする、というだけのことなのかもしれません。ですがもし、自分を狙うライオンをその声で追い払えるなら、それは立派な「力」です。

２０２４年からの3年のなかで、双子座の人々が手にする勝利とは、現世的な力を行使してのものではないように思われます。

むしろ、ライオンを追い払い、夜明けを呼び寄せて、すべての恐怖や不安を打ち払うような、輝かしくも精神的な力による勝利なのだろうと思います。

「声」は、たとえば「言葉」です。

凛とした信念や深い人間的経験のなかから生じる、叡智の力です。

その力は、精神的であり、神秘的でもあります。

「ペンは剣よりも強し」と言われますが、「ライオンでさえ、雄鶏を怖がる」という言い伝えには、それに少し似たところがあるように思われます。

この3年間で、あなたはとても強くなるのです。

・門をくぐって、聖なる世界から俗世へと出る

――２本の木という柱、または門

禅の世界に「十牛図」というものがあります。

10枚の絵に、人が牛を捕まえようとし、牛を追いかけ、とうとう牛を捕らえて山上で飼い慣らし、やがて慣れた牛をともなって人の里に戻ってくる、という一連のストーリーが描かれます。

牛は仏性、人は悟ろうとする自己です。

人が真の自己に気づき、悟りに至るステップが、人と牛の姿で表されているのです。

悟りを開いたならそのまま、牛とともに静かに暮らせばいいようなものです。なのに、この一連の図では、最後に人が牛を連れて、人の住む世俗の世界へと「下りて」きます。

禅宗にはひとり座禅を組むイメージがありますが、実はすべての人が救われることを目指す大乗仏教です。自分が自分の努力で悟ればいいだけ、ではないのです。ゆえに、悟りを得たら、その人は牛を連れて里に下りてこなければなりません。自分が得たものをなんとか、人にも伝えたいのです。

２０１８年ごろから、双子座の人々はどこか、山の上で修行を積んでいるような状態にありました。

第三者には見えないところで、自分自身の改革をし、考えを練り、自分をより自由に解放する方法を模索してきたのではないかと思うのです。

であれば2025年以降、あなたは山上で育てた牛を連れて、里に下りてくることになるのかもしれません。

今度は世俗の世界で、皆がいる場所で、より自由な生き方を実現していくことになるのです。

2024年からの3年間のなかで、あなたはある意味において「聖なる世界から、俗なる世界に戻る門をくぐる」ような体験をするはずです。

これまで閉じた世界で目指してきた理想を、これからは多くの人がいる場所で、オープンに追い求めることになるのかもしれません。

守られた場所から守られぬ場所に出て、新たな自分を発見することになるのかもしれません。

頭のなかだけで練ってきた構想を、現実のなかで実行に移すことになるのかもしれません。

いずれにせよ、あなたはこれまでよりも、よりリアルな世界にいる自分を発見するでしょう。

そして、その胸に抱いていたさまざまな理想や戦略を現実に持ち込み、現実と格闘しながら、より柔軟な理想と戦略へと常に作り替えてゆくことになるでしょう。

「2本の木」は、2本の柱に通じる、ひとつの「ゲート」です。

私たちは心のなかにさまざまな聖域を持っていて、そこで自分を育てたり、傷を癒やしたりしますが、そのなかに長く立てこもっていることはできません。

いつか力を回復して、ふたたびゲートをくぐり、世俗の世界に戻って、人々に会う必要があります。

2024年からの3年において、あなたはそのゲートを何度か、行きつ戻りつしながら、聖なる世界と俗なる世界を行き来し、聖なる世界であなたが得たものを、俗なる世界へと「持ち込む」ことになるのだろうと思うのです。

この3年のなかで始まる、いくつもの新しいことも、たくさんのコミュニケーションも、あなたが2018年ごろから胸のなかで育ててきた牛を、里に解き放つような意味を持っているのだろうと思います。

2

1年ごとのメモ

2024年

前章でお話しした「ふたつのスタートライン」のひとつめは2024年なかばから2025年なかばに置かれています。そしてふたつめは、2025年なかばから2026年前半です。

3年のイメージをそれぞれ、キーワード的に語るなら、以下のようになります。

2024年は「古い軌道を脱出する」。

2025年は「旧軌道から新軌道へ移動する」。

2026年は「新しい軌道に乗る」。

2024年の雰囲気は非常にフレッシュですが、まだ見えないことがたくさんあり、プレッシャーや緊張も強いかもしれません。

2025年は新しいことが次々に見え始めますが、どこか混沌としていて、まだ安定感はなさそうです。「三歩進んで二歩下がる」ようなときです。

2026年は、2025年の「兆《きざ》し」がすべて、本格的な展開を見せます。新しい軌道に乗り、ようやく「自分がどこに向かうのか」に自信が持てます。

では、まず2024年の「古い軌道を脱出する」とはどんなイメージなのか、お話ししましょう。

・2024年の前半は、水面下での「自由化」

2024年前半は、2023年後半からの流れが続いています。水面下での「自由化」が起こる時期となっています。

日々の生活のなかでは、「いつのまにか」たくさんのことが積み重なります。たとえば、無理を重ねていると体調不良が慢性化します。小さな不満を少しずつガマンしていた結果、家族の存在がガマンならなくなったりします。長いあいだ自分の思いを胸に抑え込み続けていたために、いざというとき「あなたはどうしたいの？」と聞かれて何も答えられない人もいます。

このような長期的な蓄積は、生活の水面下で起こっています。ゆえになかなか、そのことを自覚できません。積もり積もった体調不良や、人への憎しみや、「自分で自分がわからない」という不安などが「爆発」するような現象が起こってはじめて、「ああ、生活のなかに問題があったのかもしれない」と気づかされます。

2023年後半から2024年前半は、そうした「発見」から問題解決へと歩を進めやすいときです。

こうした変化は第三者からは見えにくいところで起こりますが、その「波及効果」はだれの目にも明らかです。あなたの表情が明るくなり、言動が変わり、生活が軽やかになり、周囲の人々との人間関係が「ふしぎと、自然に」好転したりするからです。

2018年ごろから、あなたは内面的に大きな変化を遂げてきたのではないかと思います。

コンプレックスと真正面から闘ったり、幼いころに理不尽に背負わされた傷をケアしたり、抑圧的な価値観を手放そうとしたりと、なんらかのかたちで「精神的自由」への模索を続けてきたのではないでしょうか。

そんな「精神的自由への模索」が、２０２３年後半から２０２４年前半、ゴールに向けて加速します。模索した答えが見つかり、現実的な変化が起こるのです。その結果として、２０２３年後半から２０２４年前半は、「解禁」「解放」「問題解決」「脱出」などが起こる時間帯と言えます。

ごく個人的な問題、心のなかの引っかかり、第三者に説明してもなかなかわかってもらえないこと。そうしたことのなかに、この時期「解放・解決」するテーマが含まれています。


２０１８年ごろからの「精神的自由への模索」の過程では、古い人間関係や血縁との関わりを断ち切ったり、ある場所に「二度と近寄らない」と決意したりするなど、なんらかの精神的離別、分断も起こったのではないかと思います。

無理解や理不尽な関係性からの離脱はもちろん、無意識に依存してしまう相手と距離を置くとか、その人の前ではなぜか威圧的な振る舞いをしてしまう、という相手から遠ざかるなどのこともあったかもしれません。
また、永遠に関係を切るということではなく、たとえば「かわいい子には旅をさせよ」とか、みずから武者修行に出向くような、前向きな意味での一時的離別もあったかもしれません。

物理的な「別離」で得られる自由は、完全な自由ではありません。なぜなら、その人に「会うこともできるし、会わないこともできる」「自由に行き来できる」ことこそが、本当の「自由」だからです。別離によって生まれた精神的自由の一方で「会えない不自由」が生まれたなら、その自由は部分的なものです。

2018年ごろからあなたが距離を置いた相手がもし、根本的に離別するしかない相手だったなら、2023年から2024年、その離別に深い納得が起こり、罪悪感や後悔が昇華していくでしょう。別れたということにこだわらなくてよくなるはずです。

一方、その相手との関わりが本質的には意義あるものであったなら、この時期「自由に行き来できる」関係が復活する可能性があります。縛ったり抑圧されたりといったゆがんだかたちでなく、本当に「会うのも会わないのも自由」な状態に立ち至れるかもしれません。

あるいは、かつてとは違った、新しい心の関係を作るスタート地点にふたたび、立つ人もいるでしょう。

・5月末「約12年に一度の、人生の一大ターニングポイント」へ

2024年5月26日、木星があなたの星座に入ります。ここから2025年6月10日まで、「約12年に一度の、人生の一大ターニングポイント」となります。

大吉星・木星が巡ってくる約1年は一般に「幸運期」と言われます。ですが私は

「耕耘期《こううん》」と書くことにしています。というのも、木星が運んできてくれる「幸運」は、1年間限定のラッキー、というようなささやかなものではないからです。

木星が自分の星座にくる時期、その人の可能性の畑が勢いよく耕され、そこから12年かけて育てていける幸福の種がまかれます。ゆえに、いわば「卒業」的なイベントと「入学」的なイベントが、同時に起こります。

たとえば、独立や引っ越し、転職、進学や留学、転身、結婚や出産など、人生の一大イベントが発生します。複数の変化が連鎖して、生活が一変する人が少なくありません。車の免許を取って乗り始めるとか、はじめて不動産を購入するなど、「初体験」のようなことも起こりやすいときです。自分から望んで挑戦し、新しいことが人生に流れ込んできます。

木星は、あなたにとってパートナーシップやキャリアと関係の深い星でもあります。ゆえに、結婚する人、パートナーとの関係性が変化する人もいるでしょう。仕事のやり方が変わったり、立場性が変わったりするかもしれません。

こうした変化はあなた自身のアイデンティティ、セルフイメージに強い影響をおよぼします。人間は皆、関わる相手や社会的立場によって、少なからず「変わる」生き物です。この時期、あなたの人生に起こっている変化が、あなた自身をどう変えているのか、注視する必要もあるのかもしれません。

たとえば、著名人が「あのころの自分は、本当に天狗になっていた」などと反省の弁を述べることがあります。それを見ていた人々が「そうでしたよね、あのころのあなたは本当に、調子に乗っていましたよね」と笑ったりします。自分では気づかなくても、周囲は気づいているのです。気づいた上で、それを伝えてくれる真の友もいるかもしれませんが、何も言わない人々がマジョリティです。

「今、自分は調子がいいかもしれない」「とてもうまくいっている」と思えるときほど、自分という個性、キャラクターがどのように変わりつつあるかを考え、人に意見を求めることが、助けになるかもしれません。

・経済活動に「火」が入る

9月から11月頭、お金やモノが熱い動きを見せます。あなたの物質的・経済的欲望に火がついて、何かを「獲りに行く」ことになるかもしれません。この動きは2025年に再燃し、4月中旬まで続きます。

ふだん、あまりお金やモノに興味がないという人も、この時期はふしぎなほど物欲が高まったり、「稼ぎたい」という思いが燃え上がったりするかもしれません。経済力を強めたいという思いがある人、「手に職をつけたい」という思いを持つ人は、この時期精力的に挑戦し、結果を出せそうです。

ただ、ギャンブル的なことにのめり込んだり、見栄や勝ち負けのために身の丈以上にお金を注ぎ込むと、後悔することになりかねません。この時期の「物欲」には、競争心や野心、怒り、プライドなど、なんらかの激情が関係しており、その激情が熱ければ熱いほど、お金の使い方・稼ぎ方も荒ぶりがちです。

「いつもの自分と、ちょっと違うな」と思ったら、まずは深呼吸を。

・熱い移動の開始

双子座は「旅の星座」です。

２０２４年11月は、その旅行への思い、冒険へのあこがれに、熱いスイッチが入るタイミングです。すでに２０２３年からその予兆はあったかもしれませんが、「旅への熱情」というテーマが本格化するのが２０２４年11月なのです。

ここが旅のスタートラインとするなら、２０４３年ごろまで、大スケールの旅に出る、というイメージの節目です。

ここでのきっかけは、「人」のようです。

だれかに「旅行に行こう」と誘われるのかもしれません。あるいは、会いたい人に会うために、長い距離を超えてゆくことになるのかもしれません。遠くから招聘されたり、「早く来て！」と出動要請を受けたりするのかもしれません。

大切な人との再会や、かつての旅の仲間との再合流もあり得ます。

自分を変えるための旅、新しい自分を見つけるための旅に出る人もいるでしょう。この時点での「旅の目的」は、まだ部分的なものです。より大きな旅の目的、旅の野心が、ここから2025年初夏に向けて、だんだんと姿を現します。

２０２５年

２０２５年は「旧軌道から新軌道へ移動する」時間です。

２０２４年にも増してスケールの大きな「スタート」の気配がしてくるのですが、本格的な「スタート」は２０２６年にあなたを待っているのです。

２０２５年はどこか「行きつ戻りつ」で、予兆や予告編的なものもあるけれど、具体化は少し先です。古いものが崩れ、安定したバランスが壊れ、「今までどおり」が通用しなくなる一方、「これからどうなるか」はまだ、半分ほども見えません。

ゆえに、とにかくどんどん移動していくこと、変化を受け入れること、試行錯誤することが、2025年のメインテーマです。

古いもの、慣れたものが次々に解体されても、不安視する必要はありません。よく考えてみれば、それらはすでに、もうほとんど使われていなかったはずなのです。

2024年から2026年の3年間は、スキーのジャンプ競技のようなイメージでとらえることもできそうです。2024年にスタートを切り、2025年は空中を飛翔し、2026年に見事「着地」するのです。

2025年は浮遊するような不安定感、どこに降りるかわからない不透明感があるかもしれませんが、その一方で「いつもとはまったく違ったことが起こっている！」というふしぎな高揚と、非日常の楽しさに包まれるはずです。双子座の人々は、非日常的な変化や興奮が「大好物」だからです。実はあなたの好きなものが、2025年には、たくさん詰まっているのです。

・２０２４年の「続き」からの流れ

２０２４年なかばからの「一大ターニングポイント」が、２０２５年6月10日まで続いています。この間、引き続き引っ越しや転職、家族構成の変化、暮らし方の激変など、目立つ変化が起こりやすいでしょう。

6月10日、あなたの星座を出た木星が入ってゆくのは「経済活動」の場所です。２０２４年秋から、あなたの経済活動は熱く活性化していましたが、そこにまた別の上昇気流が発生するのです。

２０２４年秋からのあなたの「モノとお金」の動きは、どこかスリリングだったかもしれません。妙に物欲が高じてびっくりするほど散財してしまったり、ギャンブル的なことにのめり込んだり、稼ぐことに注力しすぎてワーカホリックになったり、過激な節約生活に挑戦して疲れきったりした人もいるかもしれません。お世辞にも安定的ではなく、慎重さや「節制」のムードは皆無だったはずです。

そんな、いわば「荒ぶって」いた経済活動が、2025年4月なかばにはどうやら落ち着きます。さらに6月中旬から、あくまで建設的で生産的な「拡大・成長」のプロセスに入ります。

ここでは、スリリングな興奮や闘争心は影をひそめ、あくまで長期的な視野に立って「生活を巡るお金の流れを、しっかり作っていこう」という志を持てます。安定的な収入を得る人、収入がしっかりと増える人もいるはずです。自分に合った有利な運用法を見いだす人もいるでしょう。お金に関する悩みの多くを、この6月以降の約1年で解決できます。

2024年、パートナーや家族の収入が減って不安を抱えていた人は、2025年から自分自身の稼ぎを増し、不安を解消できるでしょう。自分の経済力によって周囲を助けることに、手応えと喜びを感じられます。

また、2024年なかばからの1年は、「イイ買い物ができるとき」でもあります。車や不動産など、大きな買い物に臨み、大満足できそうです。

大きな買い物にはたいてい「賭け」の部分がつきものです。「失敗できない！」という緊張感のなかで、勇を鼓して契約書にサインするような場面があります。この時期は基本的に、そうした「賭け」に勝利できます。過剰な楽観にとらわれず、詳細な情報を得、勉強と検討を重ねて挑めば、期待以上の「イイ買い物」ができるはずです。

・「兆し」の年

春から秋口にかけて、ふしぎな解放感に包まれます。

仕事や対外的な活動における重圧が、少し軽くなるかもしれません。

プレッシャーやストレスの種が減り、気持ちが明るくなるかもしれません。

あなたひとりで背負っていたものを、分かち合ってくれる人が現れるのかもしれません。

あなたに冷たかった人々が、心を開いてくれるようになるのかもしれません。

味方や理解者が、少しずつ増え始めるのかもしれません。

最終的な問題解決はまだ先でも、少なくとも「問題を解決しよう」という思いを周囲と共有できるようになるのかもしれません。

これまで人に頼らなければできなかったことを、自分でできるようになるのかもしれません。

使えなかったものが使えるようになり、通れなかった道を通れるようになるのかもしれません。

これらのことが「本格化」するのは、2026年以降です。でも、その変化の兆しは春から秋口にかけて、はっきりと現れます。

あなたを包む状況が、ふしぎと軽く、やわらかく、明るくなります。

そんな「ほどけていく」「ゆるむ」感覚のなかで、未来に向かう準備を着々と進められるのが、2025年の春から秋の時間帯です。

・「自由に生きる」とはどういうことか

七夕近辺、何か特別なイベントが起こるかもしれません。

あるいは、七夕から11月上旬くらいまでのあいだに、自分が長らく信じてきた「アイデンティティ」に強い振動が走るかもしれません。

「自分はこういう人間だ」というイメージがパラパラと崩れ始めるような、「もっと違う自分として生きられるのでは?」という可能性がキラキラと降り落ちてくるような、そんな状態になるかもしれません。

この現象は、2026年4月末から「本格化」します。

2026年以降、新しいアイデンティティを、ゼロから構築する人もいるでしょう。生き方が変わり、人間関係が変わり、目指すものが変わるのです。

2025年はそれに備えて、思いきって古い自分を手放すようなプロセスが展開します。

物理的に、古い服を処分したり、名刺を変えたりする人も多そうです。

また、ジムに通うなど「肉体改造」に取り組む人もいるでしょう。

たとえば「年を取ると筋肉量が減り、そこからさまざまな不調が起こるので、筋力トレーニングをすべき」とか、「歯医者さんには虫歯のときだけでなく、定期的にチェックを受けに通うべき」など、健康や体にまつわる論理的な情報をもとに、地に足のついた努力を始める人もいるだろうと思います。

この時期、あなたがあなた自身のためにとるアクションは、科学、論理的な思考に基づいており、きわめて知的なもののようです。もちろん、直観やインスピレーションが一切絡まないというわけではありませんが、少なくとも「よく調べて、科学的な定説にしたがって行動を起こす」ことになるはずなのです。

・重圧が軽くなり始める

1月と4月は「ほめてもらえる」「ねぎらわれる」時期です。

2023年ごろからの苦労が、春の陽光のようなあたたかさで報われる場面があるはずです。

現実の生活のなかでは、配慮したり、ガマンしたり、踏ん張ったりしても、なかなかその労苦が理解されないものです。当たり前のように受け取られ、「スルー」されて、場合によってはほかのだれかに手柄を横取りされるようなことも起こります。

2023年ごろから時折、こうしたつらさをかみしめてきた人にとっては、2025年1月と4月は「それでも、がんばっておいてよかった！」と思えるようなシーンが巡ってくるでしょう。

さらに3月末から10月は、仕事や対外的な活動に関する「漠たる不安」が消え始めます。確たる理由のない悩みが消えて、現状に「たしかさ」を感じられるようになります。

また、5月末から8月は、孤独感やプレッシャー、ストレスが軽くなります。特に、自分の置かれている立場と、自分自身の実力とのあいだに「ギャップがある」と感じていた人は、この初夏から夏にかけて「立場になじみ始めた」「しっくりくるようになった」と思えるかもしれません。

こうした明るさ、軽やかさは、2026年春以降に「本物」となります。

・交友関係の変化の兆し

春から秋にかけて、これまで関わったことがないような人々と、友だちになれるかもしれません。

バックグラウンドの違う人々、思想も立場も年齢も自分とはかけ離れた人々、どこか遠いところから来た人々などと、親しくなる機会が巡ってきそうです。

その一方で、すでにある人間関係と、ふしぎな距離が生まれるかもしれません。ずっとつきあってきた友だちと、引っ越しなどによって物理的な距離ができるかもしれません。おたがいに人生の新しいステージに立ったために、やりとりする機会が自然に減っていく、といったことも起こるかもしれません。

慣れ親しんだ仲間や友だちとのあいだに距離ができると、不安になったり、孤独を感じたり、場合によっては傷ついてしまったりすることもあります。

でも、これは決して永続的な別れなどではありません。いつかまた時間が変われば、再会し、そのときの自分たちに合った新しい関係を結ぶことができます。

あるいは、すでにある交友関係のなかで、重要な相談を持ち込まれたり、ピンチを救ってほしいと頼まれたりする場面もあるかもしれません。

軽い気持ちでつきあっていた友だちと、ふと気づけば人生の深い場所までいっしょに降りていくような体験をする人もいるでしょう。

こうした展開もまた、2026年以降、より深度を増します。

「これまでどおりの関係の維持」にこだわらず、まずは起こりつつある変化をゆるやかに受け止めていくところから、新しいドラマが始まります。

２０２６年

２０２６年は「新しい軌道に乗る」時間です。

２０２５年の項でひたすら「ここで起こり始めた変化は、２０２６年に本格化します」と書きましたが、そのとおりの流れが生じます。２０２５年の「兆し」をあまりはっきりと感じられなかったという人も、２０２６年には明確に「時間が変わった」と実感できるでしょう。

２０２４年ごろの状況と、２０２６年なかばの状況を比較すると、その違いの大きさに驚かされるはずです。この3年で、あなたの人生がまさに「転機を迎えた」

ことがよくわかるはずなのです。

・経済活動がなめらかに成長する

2025年6月からの「金運がいい」時間が、2026年6月末まで続きます。特にこの2026年は安定的な、右肩上がりの「ゆたかさへの変化」が感じられるでしょう。

自分自身の手で価値あるものを作ったり、自分の力で稼いだりすることに手応えが出てきます。

ビジネスをしている人は、資金繰りが好転し、事業が安定化していくはずです。経済活動において「攻守のバランスがとれる」傾向があります。リスクを取りながら守りを固め、長期的な、望ましいサイクルを作り出せます。

「お金を稼ぐ」ことをしていない人も、この時期は何かと創作意欲がわいたり、節約や投資に情熱を燃やしたりすることになるかもしれません。

日々の料理のレシピが手の込んだものになったり、久々に手芸の趣味を復活させたりと、「作る」ことの喜びを感じられる時期です。

・2033年にまたがる自己変革の時間へ

4月26日から「自己改革の時間」がスタートします。

ここから約7年ほどをかけて、生き方やアイデンティティが一変する人が少なくないでしょう。

すでにその予兆は2025年なかばに感じられたかもしれません。

古い殻を脱ぎ捨てて、新しい自分の姿を作っていくようなプロセスがここから、軌道に乗ります。

人生観が一変する人、価値観が変わる人もいるでしょう。

「これまでの自分は、なんだったのだろう?」と思えるような変身を遂げる人もいるかもしれません。

古い人間関係からの「分離」が起こる可能性もありますが、この「分離」は自立や自由な生き方を模索してのもので、決して心情的な対立や分断ではありません。むしろ、交友関係は以前より重みを増し、生活の軸のひとつとなるはずです。

「組織人」から「ひとりの人間」へと、生き方をシフトする人もいるでしょう。伝統や古いシステムを守る立場から、新しいシステムを作る立場へと立ち位置を変える人もいるでしょう。

実家を出てひとり暮らしを始める人、パートナーや友人との共同生活をスタートさせる人もいるでしょう。

すべて「より自由な、自分らしい生き方」を模索する試みです。

重力圏から離脱して宇宙旅行に出るような、特別な7年の体験が始まるのです。

・大冒険、熱い対話

６月末から２０２７年７月にかけて、「コミュニケーション、旅、学び」の時間に入ります。

これ以降、たくさんの場所に出かけ、多くの人々と対話し、行動範囲を一気に広げられるでしょう。

特に９月末から11月は、大冒険の旅に出ることになるかもしれません。学校に入って学び直す人、セミナーなどに参加して視野を広げようとする人、あこがれの人に「弟子入り」する人もいるだろうと思います。

知的好奇心とフットワーク、そして野心が結びつき、「ここではない、どこか」を目指す旅に出られるときです。

この時期以降、特別な専門分野を開拓する人もいるかもしれません。「プロフェッショナル」を自負できるレベルを目指し、ある特定のジャンルにおいて研鑽を積み始める人もいるでしょう。

この取り組みをする人にとっては、2026年は「入り口」です。その最終的な到達点は、17年から19年後となりそうです。

・人間関係の大きな変容

2023年ごろから、仕事や対外的な活動において、強いプレッシャーや孤独感に耐え続けてきた人が少なくないはずです。ストレスを抱えながら努力を続けてきた人、重い責任を背負い続けてきた人もいるでしょう。

そうした重圧と苦悩が、2026年2月なかばまでに消えていきます。

立場や任務そのものから解放される人もいるでしょう。

あるいは、努力の結果、最初はつらかった任務が今では「身についた」ことで、いつのまにかラクラクと背負えるようになっているのかもしれません。

リーダーとなったものの周囲が認めてくれないことに悩んでいた人は、この時期に至ってついに、メンバーの尊敬と信頼を勝ち得ることになるのかもしれません。「ガラスの天井」が突然壊れたり、組織が刷新されて風通しがよくなり、自分の活動が認められたりするのかもしれません。

仕事がつらくてしかたがなかった、という人は、そのつらさから何らかのかたちで脱出できます。配置換えや転職によって、今までの苦悩が嘘のように消えていく、という人もいるはずです。


介護や子育てに関して、もっとも険しい段階を脱出する人もいるでしょう。

地域コミュニティや自分が所属する「世間」において、冷たい目で見られることがなくなる人もいるだろうと思います。社会的な疎外感が消え、「受け入れられる」あたたかさを感じられるときです。

・交友関係の変化

交友関係は2026年以降、しばらく「少数精鋭」になります。

友だちと物理的な距離ができたり、なんらかの事情で友だちづきあいが減ったりするかもしれません。

友だちが問題を抱え、その問題解決にどっぷりつきあう、といったことも起こるかもしれません。

あるいは友だちと今までどおりにすごしつつも、おたがいの社会的立場が大きく変わったことにより、「わかり合えない」場面が増えるのかもしれません。

2025年に引き続き、さらに「縁遠かった人々」との交友関係のなかに身を置く人も多そうです。

年長者との交流が増えますし、目上の人と「友だち」のようなつきあいをする機会もあるでしょう。

よく知っている人々、同年代や同じような環境で生きている人々とは遠ざかり、未知の人々、心情的に距離のある人々と「仲間」になれます。

こうした、交友関係におけるさまざまな「距離」と「精神的な真剣さ」を通して、友だちとの結びつき自体は、むしろ意味と重みを増すようです。

これまであまり交友関係について深く考えずにきた人も、この時期以降、「友だちづきあいをどうしてゆくか」を考えさせられるだろうと思います。

おたがいに似た環境に身を置き、日々楽しくつきあっているような状態では、「友だちとは何か」といったことを考えることにはなりません。その意味で、この時期「本当の友情とは何か」を考える機会が得られます。

そして、実際に「本当の友情」を、時間をかけて構築することになるのです。

3

テーマ別の占い

愛について

2024年から2026年は、双子座の人々にとって「自分が変わり始める年」です。アイデンティティ、セルフイメージ、キャラクター、ファッションや雰囲気などが、目に見えて変化し始めるのです。

ゆえに、出会いや人との関わり方もまた、大きく変わっていくことになります。

・パートナーがいる人

愛の関係、パートナーシップにも、立場性や役割分担、力関係、支配関係などが存在します。関わりが密であればあるほど、たがいが相手に強い影響をおよぼします。「夫婦は長いこといっしょにいると、だんだん見た目も似てくる」などと言われます。人間は鏡のように、おたがいを映し合うのです。

ですから、自分が変われば、相手との関わり方、そして相手自身も少なからず、変わります。

この時期、パートナーが「今までと違うな」「変わったな」と思えたなら、それはあなた自身の変化がまず、先にあります。あなたの変化に反応し、あるいは共鳴して、相手が変化し始めます。

人間は成長し、成熟し、一皮むけ、生まれ変わります。自分が期待した自分へ、理想の自分へ、期待以上の自分へと変化し続けることができます。

一方、人間は堕落したり、殻に閉じこもったり、「老害化」したりします。若いころ「こんな大人には絶対になりたくない！」と思った人々と、歳を重ねたらまったく同じ人種になってしまうことさえ、珍しくありません。

どちらの「変化」を遂げられるか。これは、とてもむずかしいテーマです。

なぜなら、人は自分の変化を、リアルタイムで意識化しにくいからです。

その点、パートナーや愛する人の姿は、よく見えます。自分のことは見えなくても、自分以外の人間のことは見えるのです。自分と相手の関係の変化も、敏感に感じとることができます。

この時期、特に2024年なかばから2025年なかばは、相手と自分の関わりの変化を通して、自分自身が望ましい変化を遂げているかどうかを、たしかめられるでしょう。

2024年以降、あなたのなかで自立心や自由へのあこがれが一気に加速します。自立心や自由への思いは、たいていの人間関係を好転させます。自分の足でしっかり立てれば、人と手をつないだり、人を支えたり、人の荷物を少し持ってあげたりすることが容易になるからです。

また、自分が自分の足で立とうという気持ちを持ったとき、相手の負担が軽くなります。そのぶん、相手に「新しいサポートの仕方」を考える余裕が生まれます。おたがいにもたれかかったままでは、関係を改善することもままなりませんが、いったん自分の足で立ってみると、もっと機動的なサポート関係を再構築する余地が生じるのです。

2024年から2026年の3年間で、あなたとパートナーの関係のどこかに「再構築」が起こる可能性があります。

いつもいっしょに行動していたふたりに、いつのまにか別行動の機会が増えていくかもしれません。

あるいは逆に、どこか距離感のあったふたりが、ぴったりくっついて生活するようになるかもしれません。形式の変化がどうあれ、内面的に起こっているのは、より柔軟で自由なサポート関係の模索だろうと思います。

一般に、人間同士の力関係や役割分担は、硬直化しがちです。一度「これがラクだ」となればそのかたちが長く続き、しまいには絶対に変えられないように思えてしまうのです。

ですがこの時期は、あえてそうした硬直化を「変えたい」という思いが強まります。さらに、関係性を「固定したくない」という思いも生まれるでしょう。いつもダイナミックに変化し続けるふたりでありたい、という思いを、この時期現実のものとできるのです。

ゆえに、立場性の「反転」が何度も起こっても、おかしくありません。たとえば、これまで自分が専業主婦で、相手の収入で生活していたのが、ここからは自分が稼ぎ頭となり、相手が主夫となる、といったことも起こり得ます。伝統的な価値観の世界では「あり得ない」とされたようなことでも、特に2025年以降のあなたの世界では、ふつうに起こるのです。

・恋人、パートナーを探している人

自分が変わるということは、人を見る目も変わるということです。さらに、キャラクターや第一印象が変われば、声をかけてくる相手もまた、変化します。ゆえに2024年から2026年は、「今までにない出会いがあるとき」と言えます。たとえば、イメージチェンジしたことがきっかけで恋人ができる、といったベタな展開も期待できるときなのです。

もともと双子座の人々は、華麗な「変身」を楽しむ傾向があります。根っからの演出家で、ストーリーテラー気質なあなたは、雰囲気やキャラクターを変えて、相手をびっくりさせ、楽しませたい、というサービス精神にあふれているのです。

2024年から2026年は特に、その傾向が強まりそうです。

自分をさまざまに変え、そのなかに「本当の自分」を見いだしたい、という思いもあるのかもしれません。

たとえば、だれもが「似合うね！」と言ってくれる服、動きやすくて自分らしくいられる、着ていてラクで楽しい服は、「自分にふさわしい服」と言えるでしょう。そんな服を選ぶには、あれこれ試着してみるしかありません。

キャラクターやアイデンティティ、ふだんの「態度」や言葉づかいなどもまた、あれこれ試してみて「見つける」ことができるものなのではないかと思います。

そして、「このキャラ設定は、とてもラクで、自分らしくいられる！」と思えたとき、そのキャラクターのままでいっしょにいられる相手に出会えたなら、それこそが「運命の人」ではないでしょうか。

２０２４年から２０２６年の出会いは、そんなふうに生まれるかもしれません。

さらに、自分自身が「惹かれる相手」の傾向が変わるかもしれません。

今までの自分なら決して目を向けなかったような存在が、突然気になり始めるかもしれません。

あるいは「まったくタイプではない」のに、気がつけばほれ込んでいた、といった現象も起こるかもしれません。

自分の思い込みや視野の狭さに気づかせてくれる相手、この人といれば自分は自由に成長できる、と思える相手などに縁ができやすいときです。

また「昔の自分」を思い出させてくれるような相手と出会える可能性もあります。2025年1月までは特に、なつかしい人との意外な再会や、過去の古い縁をたどるような動きがきっかけになって、出会いが生まれやすいようです。

さらに2026年後半は、愛に強い追い風が吹きます。運命を感じるような出会いがあるかもしれません。

・片思い中の人

もし、今まで自分に自信がなくて一歩踏み出せないとか、自分から行動を起こすことが恥ずかしいとかいう理由で片思いが続いているなら、２０２４年以降「自分からいける」時間に入ります。あらゆる「できない理由」を乗り越えて、自分の人生に自分で責任を持とうとする意識が高まるからです。

また、伝統的な価値観から脱出したい思いが強まることも「動けるようになる」理由かもしれません。人間は対等であり、平等であり、独立していて、自由である、という意識が強くなると、好きな相手に自分からアプローチすることが、より自然なことと感じられるのです。

実験的な気持ちも強まります。行動することによって人生がどう変わるのか、自分自身をどんなふうに変え、どんなふうに動かせるのか、という好奇心がわいてくるのです。

伝わらない思いを抱いたままひとりですごす、ということが馬鹿馬鹿しくなってくるのかもしれません。あるいは、「膠着《こうちゃく》状態で物語が進展しない」ことへの苛立ちが強くなるのかもしれません。

いずれにせよ「1カ所にとどまっているより、動いたほうが効率的なはず」「何もしなければ、何も起こらなくて当然だ」など、あなた自身の論理的、理性的思考により、愛の物語が進展し始める可能性があります。

双子座の人々には、恋愛の物語をゲーム的にとらえる人が少なくありません。「このゲームを先に進めるには、どうすべきか」という考え方にスイッチが入り、そこから愛の物語が現実的に動き出す可能性のあるときです。

もともと「愛をゲーム的にとらえる」というと、恋の駆け引きを楽しむだけで、相手を本当に愛することがない、といった意味合いに思えるかもしれませんが、決してそういう意味ではありません。本物の愛の感情があって、その上で「関係を具体的に進展させるには、どう動くべきか」という明るい知恵が働く、ということなのです。

・愛の問題を抱えている人

あなたが愛の問題を抱えているなら、この3年のなかで、「問題の反転」が起こるかもしれません。

たとえば、世の中には「自分をだいじにできない」人もいれば、「自分のことしか考えられない」人もいます。なんでも自分のせいだととらえてしまう人がいる一方で、なんでも人のせいにする人がいます。だれにもそうしたバイアスは大なり小なりあるもので、「一切の偏りがない、完全に客観的に自他をとらえられる」という人は、おそらく存在しないのではないでしょうか。

あなたのなかにもたぶん、どちらかのバイアスは存在していると思います。そのバイアスが「反転」するのが、この3年間なのです。

すなわち、これまで「なんでも自分のせいだ」と思い込むことで愛の問題に悩んできた人は、「相手も悪いのかもしれない」「自分のせいだけ、ではないのかもしれない」と考えることができるようになるかもしれません。

一方、「なんでも相手のせいだ」と信じてきた人は、「もしかすると、自分にも問題があるのかもしれない」と思い当たるのかもしれません。

このような「反転」が起こるのは、あなた自身がこの3年間で、急激に成長するからです。成長すれば当然、物事の見え方が変わるのです。長年同じ問題に悩み苦しんできた人も、この3年のなかで、見慣れているはずの例の問題が、まったく新しい問題に見えてくるはずです。

自己犠牲こそが愛だと信じてきたけれど、実は自分が相手を支配しようとしていたのだ、と気づく人もいるでしょう。依存関係を愛と呼んでいたことに気づく人もいるでしょう。相手が正しいと思ってしたがっていたけれど、実は自分で考えることをやめていたのだ、と思い至る人もいるかもしれません。ゆがんだ思考法にしがみついていた人は、それを手放せるかもしれません。自分を守るつもりで言葉の剣を振りまわし、人を傷つけてきた人は、その剣を手放すことになるかもしれません。

こうした変化はすべて、精神的な自立へと向かうプロセスです。このプロセスのなかで、愛の問題はある意味「自然に解決する」ことになるのです。

また、2008年ごろから慢性的に、性的な問題で悩んできた人は、遅くとも2024年11月末までに、その問題が解決するでしょう。

仕事、勉強、お金について

・時間をかけて、長い階段を上る

2023年から、あなたの社会的立場はひとまわり、大きくなったのではないでしょうか。

責任が重みを増し、担っている役割の内容が増え、ずしりと背中にのしかかるものを感じながら日々、がんばっている人が少なくないはずです。

あるいは、なんらかのかたちで「孤独」を感じる場面もあるかもしれません。リーダー的な立場に立つことで「王者の孤独」を味わったり、同じような任務に取り組んでいる人がほかにいないために、自分の苦労がなかなか理解されなかったりと、「ひとりぼっち」の気持ちをかみしめている人もいそうです。

こうした状況は、当事者としてはつらく、苦しいものですが、周囲には「うらやましい」と思われていたりします。このような、当事者と外野の認識のギャップもまた、孤独感を強める原因となります。

それでも、今あなたが取り組んでいることには、大きな意義があるはずです。つらさのなかにもやりがいを感じ、もっと先に進みたいという地道な意欲を燃やしているあなたがいるだろうと思うのです。

２０２４年に入ると、背負った重荷や孤独感にも、だんだん慣れてきます。最初は靴ずれしていた革靴が次第に足になじみ、「この靴は、とてもいい靴なんだな！」とわかってくる、というのに似た変化が起こります。

さらに2025年は、背負ったものに苦しめられるのではなく、背負ったものを手元に置いて、縦横無尽に「使う」ことができるようになります。

たとえば、与えられた権限の使い方がわかってきたり、周囲の人々の信頼を勝ち得て、うまく連携できるようになったりするのです。緊張感は集中力に変わり、不安は視野の広さに置き換わります。


2026年になると、あの孤独も不安も、きれいに消えているでしょう。そしてあとに残るのは、「がんばってよかった！」という爽快感と、たしかな自信と、納得できるポジション、そして人々との信頼関係です。

峻厳《しゅんげん》な山を、時間をかけて少しずつのぼり、2026年に明るく広やかな場所で、自由を深呼吸する。

この3年のあなたの「キャリア」は、そんなふうに展開してゆくはずです。

・「ノブレス・オブリージュ」

この3年のなかで、あなたは「地位と名誉」を手に入れることになるようです。本物の「地位と名誉」は、人に見せびらかすようなものではなく、ましてや、自分自身のためのものでもありません。

たとえば「ノブレス・オブリージュ」という言葉があります。これは、名誉ある立場に立つ者は、それに見合った高貴な生き方、社会的貢献を引き受けなければならない、という考え方を意味します。

たとえば戦争に出たとき、身分の高い王侯貴族ほど、その身分に見合った勇敢な働きを求められるのです。

勲章や賞状などの多くは、「献身」に対して与えられます。この時期のあなたもまた、社会的な何事かに対して、ひたむきに「献身」することを通して、結果的に「地位と名誉」を手にすることになるのです。

現代社会では「身分」は皆平等ですが、その一方で「格差社会」という言葉が一般化されています。

社会的な光の当たりにくいところで、多くの人が孤独や生活の苦労に苛まれ、呻《しん》吟《ぎん》しています。厳しい状況が慢性化した結果、ふとしたきっかけでショッキングな事件が起こると、メディアはいっせいにセンセーショナルに取り上げますが、光が当たって注目されるのはほんの一瞬です。事件の背景となった社会的な不備、矛盾はすぐに、忘れ去られてゆくように見えます。

心ある人々がそうした状況に胸を痛めても、他者に熱心に手を差し伸べる余裕がある人はわずかです。皆自分の生活で手一杯で、無力感に胸を痛めながら、日々を生きています。

2024年から2026年の3年間は、双子座の人々の「キャリア」を考える上で、非常に特別な、特殊な時間帯と言えます。

この時期のあなたのキャリアには、個人的な活躍や成功ということを超えた、より大きな価値観が流れ込んでいるからです。

それはたとえば、人間的な名誉や誇り、世の中を少しでもよくしたいという思い、目の前にある他者の苦境に手を差し伸べたいという気持ち、などかもしれません。世俗的な成功や利益を越えて、何か本当に意義があることをしたい、という思いが、この時期のあなたの仕事の柱となっているのです。

受けてきた教育や経験を、世の中のために活かしたい。自分の年齢や立場に見合ったかたちで、後進を導きたい。困っている人を助けたい。何か自分にもできることを見つけたい。そんな純粋な思いが、あなたを新しい活動へと駆り立てるのかもしれません。

人と競争して勝利することや、個人的な欲望を満たすことなどは、この時期のあなたにはあまりピンとこないだろうと思います。

「何が社会的成功なのか」という定義そのものが、あなたのなかで大きく変わる可能性もあります。王様や監督、経営者など、集団のトップに立つ人は、少なからず自分を犠牲にし、人々のために尽くすことになります。この時期のあなたはそうした「献身」をするのかもしれません。

「だれか、リーダーになりたい人はいませんか」と声をかけてもだれも手を上げないのは、それが純粋に「他者のため」の、大変な労苦であることを知っているからです。そこで手を上げるのは、虚栄心や自己顕示欲の強い人ではなく、真の自己犠牲を知る、献身的な人なのです。

この項の冒頭、「地位と名誉」とは何事か、と思った方もいらっしゃるでしょう。尊敬すべき社会的地位や名誉は、本当は、世俗的成功とは真逆の場所にあるはずです。この時期のあなたが求めるものが「地位と名誉」ではないからこそ、結果的に

「地位と名誉」が手に入ります。

現実には、2026年ごろにあなたが手にしているのは「地位と名誉」と呼ぶにはささやかすぎる、と思えるようなものなのかもしれません。

でも、あなたはそのことに深く満足しているはずです。なぜならそこで、あなたは周囲の少なからぬ人々から、深く尊敬され、あこがれられているからです。

この3年間であなたが成し遂げることは、すぐには人に理解されないかもしれませんが、2026年ごろにはきっと、周囲の多くの人々に受け入れられ、感謝されているはずなのです。

特に2026年2月から4月なかばにかけて、2023年からのあなたが何を成し遂げたのか、その最終的な振り返りととらえ直しをする時間が待っています。ここは非常に忙しい時間であり、多くのチャンスが巡ってくる転機でもありますが、同時に、ある種の「卒業」的な節目でもあるのです。

・勉強への情熱、野心

学びたい、という熱い野心が燃え始めています。

この野心は2043年ごろまで燃え続ける、火山活動のような深く、強い気持ちです。

双子座の人々はもともと、知的好奇心旺盛なところがありますが、この時期の学びへの情熱は、「好奇心」というような生やさしいものではなさそうです。

学ぶことによって何かを成し遂げたい、勉強して生まれ変わるような体験をしたい、だれにも負けない力が欲しい、といった「欲望」が、ここからずっとあなたの胸に燃え続けるのです。ゆえに、学ぶことによって人生が大きく変わります。

大学に入り直したり、留学したりといった、学びにまつわる一大決心をする人もいるかもしれません。人生のルートを大きく変えてでも、どうにかして「知」という力を手に入れたくなるのが、ここから20年弱の時間帯なのです。

もう少し短期的に見ると、まず２０２４年なかばから２０２５年なかば、あなたの星座に木星という星が巡ってくるのですが、この星は「幸運の星」であると同時に、「知恵、思想、宗教」などとも関係の深い星です。ゆえにこの２０２４年なかばからの1年、精力的に学ぶ人も少なくないだろうと思います。

さらに２０２６年6月末からの1年は、文字どおりの「学びの季節」です。資格取得やスキルの習得に集中的に打ち込み、結果を出せます。

また、２０２６年なかばからの1年は「旅とコミュニケーションの時間」でもあります。遠出したり、多くの人と対話したりすることによって、知的成長を遂げていく人もいるはずです。

この時期は「何を学べばよいか」ということへのヒントをつかめるかもしれません。自分に合ったジャンル、分野、テーマに出会えそうです。

・お金について

２０２５年６月から２０２６年６月は、平たく言って「金運のいいとき」です。経済的に強い上昇気流に包まれ、大きな財、価値あるものを手に入れられるでしょう。お金に関する悩みもここで、解決するかもしれません。経済的に物事が大きく動くときです。

さらに、２００８年ごろから他者との経済的な関係において、非常に強い支配関係、「縛り」が生じていた人は、２０２４年にその結びつきが一段落するかもしれません。たとえば、人から経済的支配を受けて身動きがとれなかった人は、その状態を脱出できるでしょう。

また、相続や贈与などの問題で、複雑な係争や手続きを進めていた人も、そのややこしいプロセスを「完了」させることができるはずです。

パートナーとの経済的な力関係が悩みの種だったとか、パートナーが経済的に大きな失敗をして、そのサポートに奔走する、などの状況に置かれていた人も、２０２４年の終わりごろには、問題が解決しているはずです。

なかには、２００８年ごろから自分以外のだれかの資産を管理することで手一杯だった、という人もいるかもしれませんが、その状況も２０２４年の終わりまでには一段落するはずです。


２０２４年から２０２５年は、お金について「他者から受け取るもの・他者に与えるもの」というテーマから、「自分自身で生み出すもの・自分を満たすもの」というテーマにシフトしていく時間と言えるかもしれません。

お金は血液のように社会を巡るものなので、お金のことを考えればかならず「自分以外のだれかとの関係」が浮かび上がることになるのですが、過去15年ほどはその「他者」の存在が、少々大きすぎた感もあったのかもしれません。

そこを抜け出して、改めて「自分の手」をまじまじと見つめるような、そんな原点回帰が起こるのが、2024年から2025年なのだろうと思います。

2026年なかばからの1年は、ビジネスや取引に追い風が吹くタイミングです。「いい取引ができる」ときなのです。

今のネット社会では個人同士の取引や売買もごく一般的におこなわれますが、たとえばそうしたことに新たな関心を持つ人もいるかもしれません。

家族、居場所について

2024年なかばから2025年なかばは、「約12年に一度の、人生の一大ターニングポイント」なので、パートナーを得たり、新たに家族が増えたり、独立したり、引っ越ししたりといった、居場所にまつわる大きなイベントも起こりやすいタイミングと言えます。

また、2026年なかばからの1年は兄弟姉妹との関係が活発になる時間であり、さらに、「移動・移転」が起こりやすいタイミングでもあります。この時期に住環境に変化が起こる人も多いでしょう。

・疲れたら逃げ込める、なつかしい世界

これまで繰り返し述べてきたように、この3年は、あなた自身が非常に大きな変化を遂げる時間であり、同時に、社会的に非常に高い山に登って行く時間でもあります。いわば全体として、大スケールのチャレンジの時間です。

そのように新しいことばかりが続くと、さすがのあなたも、疲れるはずです。緊張が続き、慣れないことへの不安がつのり、「新しい物好き」のあなたも、クラクラするような疲労に心折れることもあるかもしれません。そんなときは「休みたい」「新しいことから少し遠ざかって、なつかしくあたたかなものに触れたい」という思いがわいてくるはずです。

特に2025年1月から2026年夏は、疲れたらどうか、できるだけ安心できる場所、なつかしい場所に、逃げ込んでいただきたいと思います。そこに回復の泉

がわき出ていて、びっくりするほど元気になれるからです。

自信を回復し、自分らしい明るさを取り戻せます。なじみの人々に会うのも大切ですし、長く離れている故郷に帰るのも一案です。そこにふしぎな「縁」が待っている可能性があります。


あなたがもし、「疲れたら逃げ込める世界」を持っていないなら、2025年から2026年なかばにかけて、そうした世界を発見できるかもしれません。はじめて足を踏み入れるのになぜか「なつかしい！」と思える場所。すぐに「なじみ」になってしまうような場所。

そうした場所をこの時期、見つけられるかもしれません。

この3年で悩んだときは――「変容」について

2024年からの3年間、双子座の人々は「これでもか!」というほどの、重層的な変化にさらされます。

人間は赤ん坊から大人になり、やがて老いていくプロセスで、だれもが驚くほど変わります。外見だけでなく内面も、激変を遂げるのです。

なのに私たちはふしぎと「自分は自分である」という一貫した意識を持ち続けます。この「自分は自分である」という感覚が「いったいなんなのか?」という疑問を抱く人は少なくありません。この疑問をきっかけとして学問の道に進んだ、という思想家や哲学者のエピソードを、とてもよく目にします。

アイデンティティ、セルフイメージ、自意識、自己認識。

自我、キャラクター、ペルソナ。

さまざまな言葉で語られる「わたし」の姿は、自分が思うほどたしかなものではなくて、実際には日々関わる相手によっても異なるものです。

2024年から2026年のあいだにあなたがもし、深い悩みを抱えたなら、それは「自分自身」の姿が、驚くほど急激に変わりつつあるからなのだと思います。キャラクターや容姿だけでなく、社会的な立場が変わり、それを取り巻く人間関係が変わり、そこから見える景色も変わってゆくのです。

こうした大きな変化のなかでは、とまどいや、慣れないことへのストレスや、苦悩を理解されないことの孤独など、さまざまなつらさが勃発しておかしくありません。いくら「変化に強い」とされる双子座の人々でも、この3年間の激変のなかでは、スリルを楽しむばかりとはいかないだろうと思うのです。

変わるときは、だれでも不安ですし、つらいのです。

「成長痛」のようなものも起こります。履き慣れない靴で靴ずれを起こし、時差で時差ぼけになり、カルチャーショックでホームシックになります。

それでもなお、あなたは変化を生きていき、変化を自分のものにし、さらに、新しい自分へと自分自身を投げ込んでいくでしょう。

2024年以降、冒険は常にあなたのなかに生まれ、あなたを飲み込みながら、あなたを変えていきます。

ですから、2024年から、できれば1行でも、ひと言でも、日記をつけてみてください。そして、3年のなかでもし「今がつらい、苦しい」と思ったら、少し過去から最近までの日記を、読み直していただきたいと思うのです。

そこにあなたの変容の軌跡が描かれていて、さらにあなたが変わっていくことになる、そのベクトルを見いだせます。

竹は120年に一度しか花を咲かせない、と言われます。

この「3年」はあなたにとって、竹の開花時期のようなもので、非常に特別な時間なのです。

より魅力的に、より強く、よりしなやかに、何より、より大きく。

この3年のあなたの驚くべき人間的変容は、あなたのなかに眠っていた可能性の劇的な開花です。

冒頭の「シンボル」となるシーンですが、ほかの星座に比べて双子座のそれは、ひときわ神秘的で、聖なる空気に満ちています。

2024年からの3年は、あなたにとっておそらく「聖なる時間」で、ふだんの物差しが使えない場面がたくさんあるはずです。

それでも、あなたは新しく、正しい方向に向かっています。

あなたが不安なのは、夜明けに向かって進んでいることの証です。

4

3年間の星の動き

2024年から2026年の星の動き

星占いにおける「星」は、「時計の針」です。

12星座という「時計の文字盤」を、「時計の針」である太陽系の星々、すなわち太陽、月、地球を除く7個の惑星と冥王星（準惑星です）が進んでいくのです。

ふつうの時計に長針や短針、秒針があるように、星の時計の「針」である星たちも、いろいろな速さで進みます。

星の時計でいちばん速く動く針は、月です。月は1カ月弱で、星の時計の文字盤である12星座をひと巡りします。ですから、毎日の占いを読むには大変便利ですが、本書であつかう「3年」といった長い時間を読むには不便です。

年単位の占いをするときまず、注目する星は、木星です。

木星はひとつの星座に1年ほど滞在し、12星座を約12年でまわってくれるので、年間占いをするのには大変便利です。

さらに、ひとつの星座に約2年半滞在する土星も、役に立ちます。土星はおよそ29年ほどで12星座を巡ります。

もっと長い「時代」を読むときには、天王星・海王星・冥王星を持ち出します。

本書の冒頭からお話ししてきた内容は、まさにこれらの星を読んだものですが、本章では、木星・土星・天王星・海王星・冥王星の動きから「どのように星を読んだのか」を解説してみたいと思います。

木星：1年ほど続く「拡大と成長」のテーマ
土星：2年半ほど続く「努力と研鑽」のテーマ
天王星：6～7年ほどにわたる「自由への改革」のプロセス
海王星：10年以上にわたる「理想と夢、名誉」のあり方
冥王星：さらにロングスパンでの「力、破壊と再生」の体験

2024年から2026年の「3年」は、実はとても特別な時間となっています。というのも、長期にわたってひとつの星座に滞在する天王星・海王星・冥王星の3星が、そろって次の星座へと進むタイミングだからです。

天王星は2018年ごろ、海王星は2012年ごろ、冥王星は2008年ごろ、それぞれ前回の移動を果たしました。この「3年」での移動は、「それ以来」の動きということになります。

たとえば、前々回天王星が牡羊座入りした2011年は東日本大震災が、冥王星が山羊座入りした2008年はリーマン・ショックが起こるなど、長期的な時間を刻む星々が「動く」ときは、世界中が注目するようなビビッドな出来事が起こりやすいというイメージもあります。

もちろん、これは「星の影響で地上にそうした大きな出来事が引き起こされる」ということではなく、ただ私たち人間の「心」が、地上の動きと星の動きのあいだに、そのような象徴的照応を「読み取ってしまう」ということなのだと思います。

とはいえ、私がこの稿を執筆している2022年の終わりは、世界中が戦争の緊張に心を奪われ、多くの国がナショナリズム的方向性を選択しつつある流れのなかにあります。また、洪水や干ばつ、広範囲の山火事を引き起こす異常気象に、世界の多くのエリアが震撼する状況が、静かにエスカレートしている、という気配も感じられます。

この先、世界が変わるような転機が訪れるとして、それはどんなものになるのか。

具体的に「予言」するようなことは、私にはとてもできませんが、長期的な「時代」を司《つかさど》る星々が象徴する世界観と、その動きのイメージを、簡単にではありますが以下に、ご紹介したいと思います。

ちなみに、「3年」を考える上でもっとも便利な単位のサイクルを刻む木星と土星については、巻末に図を掲載しました。過去と未来を約12年単位、あるいは約30年スパンで見渡したいようなとき、この図がご参考になるはずです。

・海王星と土星のランデヴー

２０２３年から土星が魚座に入り、海王星と同座しています。２星はこのままよりそうようにして、２０２５年に牡羊座に足を踏み入れ、一度魚座にそろって戻ったあと、２０２６年２月には牡羊座への移動を完了します。

魚座は海王星の「自宅」であり、とても強い状態となっています。海王星は２０

１２年ごろからここに滞在していたため、２０２５年は「魚座海王星時代、終幕の年」と位置づけられるのです。

双子座から見て、魚座は「社会的立場、キャリア、仕事、目標、成功」などを象徴する場所です。

２０１２年ごろからすでに、俗世的な利害からは離れたところで、高い理想を追い求めてきたあなたがいるだろうと思います。

あるいは「自分が立つべき真の社会的ポジションはどこか」「何を目指して生きていくべきか」などの大きな命題を掲げ、それになんとか答えを出すべく、道なき道をさまよい続けてきた人もいるかもしれません。

２０１２年ごろからの、あなたのキャリアに関する道のりは、どこか曖昧模糊として、つかみどころがなく、答えが見つかったと思ったらまた迷い道に入る、といったことを繰り返していた観もあるのではないかと思います。

ただ、何か非常に大きな価値のあるものを目指そう、という清らかな、純粋な思いだけは、ずっと変わらずに胸に燃え続けていたはずです。

そんな、どこか漠然とした目標に、2021年から2022年にかけて、少しずつ現実的なかたちが見えてきたのではないでしょうか。リアルなステップ、夢をかたちにするきっかけなどをつかみ、イマジネーションに手応えが感じられるようになった人が少なくないだろうと思うのです。

2023年、この場所に土星が入り、海王星と同座し始めると、この「現実的手応え」「きっかけ」「かたち」が、よりしっかりした様相を呈し始めます。

たとえば、2012年ごろから「いつかこんなことがやりたいんです！」と言っていたところ、2021年から2022年に「試しに、ちょっとやってみる？」と誘われ、何度か試していたら、2023年から少し厳しそうな専門家が現れて「本気でやる気があるなら、ついてこい」と言われる、といったイメージです。202

3年からの展開は、より本気度を問われますし、責任がともないますし、自分の頭で考え、自分ひとりで切り開かなければならない場所も多い、「本格的な道」となるのです。

2023年から2025年、あなたは仕事や社会的な活動、人生の目標といったテーマにおいて、大きな責任を引き受け、誇りを持って活動することになるでしょう。

小さな利害や世間的な成功ではなく、自分として真に価値あると思えること、人生の理想とするにふさわしいことを目指すあなたがいるでしょう。人に自慢したいとか、だれかにほめられようとか、そんなことは二の次になります。

もし、この時期に世俗的な成功を模索し続けてしまった場合は、失望感や孤独感が強まり、なかなかリズムをつかめないかもしれません。徒労感、無力感に苛まれる人もいれば、「何者でもない自分」というイメージにとらわれて抜け出せなくなる人もいるだろうと思います。

これは、努力が足りないとか、運がないとかいうことではありません。むしろ、「夢のスケールが小さい」から起こることです。

たとえば、身近な他人と自分を比べて優れていたいと思ったり、見栄を張ろうとしたりするのは、小さなスケールの夢です。狭い視野のなかに身を置き、小さな物差しで物事を測り続けると、この時期の大きなテーマが目に入らず、せっかくの機会を取り逃がしてしまう可能性があるのです。

海王星と土星がこの場所に同座するという配置は、あなたの生涯のなかでこれ一度きりです。

できるだけ大きな、広い視野に立ち、胸の高鳴るようなこと、目指していることを誇れるような目標を探すことが、この時期特有のチャンスをつかむコツです。

2025年から土星と木星は、双子座から見て「友だち、仲間、希望、夢、未来、自由、フラットなネットワーク、個人としての社会参加」をあつかう場所へと移動します。

これ以降、利害関係や世間的しがらみとは関係のない、純粋な交友関係を結べます。年齢やバックグラウンドのまったく違った人々と、時間をかけて親しくなっていくことになるようです。

年齢や境遇、性質などが似ている相手とはすぐに仲良くなれますが、そうした条件が違い、さらに考え方や生き方が違う相手とは、親しくなるにも時間がかかります。ですが、自分とは違うものを多く持つ相手と親しくなることは、もっとも大きな成長の機会なのです。その意味で、2025年以降、双子座の人々は交友関係を通して、大きく成長できるはずです。

・木星と天王星、発展と成長のルート

成長と拡大と幸福の星・木星は、この3年をかけて、牡牛座から獅子座までを移動します。

特徴的なのは、この時期天王星も、木星を追いかけるようにして牡牛座から双子座へと移動する点です。天王星が牡牛座入りしたのは２０１８年ごろ、２０２４年に入る段階では、木星とこの天王星が牡牛座で同座しています。２０２５年、木星は6月上旬まで双子座に滞在します。追って7月7日、天王星が双子座へと入宮するのです。

天王星と木星に共通している点は、両者が自由の星であり、「ここではない、どこか」へと移動していく星であるということです。何か新しいものや広い世界を求めて、楽天的にどんどん移動していこう、変えていこうとするのが2星に共通する

傾向です。

２星には違いもあります。

木星は拡大と成長の星で、膨張の星でもあります。物事をふくらませ、袋のようにぽんぽんいろんなものをなかに入れていくことができる、ゆたかさの星です。一方の天王星は、「分離・分解」をあつかいます。「改革」の星でもある天王星は、古いものや余計なものを切り離していく力を象徴するのです。天王星が「離れる」星なら、木星は「容れる」星です。

２０２４年、木星と天王星は双子座から見て「救い、犠牲、救済、秘密、過去、隠棲、未知の世界」をあつかう場所に同座しています。第三者からは見えないところで、さまざまな問題解決ができるときです。

たとえば古いしがらみや自縄自縛、コンプレックスや認知のゆがみなどから、自由になれるかもしれません。

双子座の人々はもともと、人生において「自由」をもっともだいじにしています。ですが、生活を営み、人生を積み重ねてゆくなかで、だれもが少しずつ心のなかに「縛り」を作ってゆくものです。

「こうでなければならない」という思い込みや、社会からすり込まれた価値観、自分自身への過度な否定や期待、「内なる他者」の厳しいまなざしなど、思わず知らず、生き方や考え方を縛り上げてしまうのです。

2024年なかばから2025年なかばは、こうした「縛り」を解除できる時間と言えます。

思い込みや誤解を解き、新しい風を心に取り入れて、軽やかな自分を取り戻せます。

2024年なかばから2025年なかば、木星はあなたの星座に巡ってきます。

自分の星座は自分にとって、「アイデンティティ、自分自身、スタートライン、身体、第一印象、健康」などを象徴する場所です。ここに大吉星・木星が巡ってくる時間は、「幸運期」だと語られるのが一般的です。前述のとおり、私はあえてこの時期を「耕耘期」と呼び習わしています。

大吉星・木星が運んできてくれるのは、たった1年だけの幸福などではありません。木星が滞在する時期、その人の可能性の畑がざくざく耕され、その先12年をかけて育てていける幸福の種がまかれます。

ゆえに、この時期は一見「更地」になったように見えることも多いようです。これまで培ったものをリリースしたり、長く続けてきたことを「卒業」したりするタイミングとなりやすいのです。

でも、それは何かがゼロになったとか、失われたということではなく、あくまで「新しいサイクルのスタートラインに立った」だけなのです。

引っ越しや転職、独立、結婚や出産など、「おめでとう！」と祝われるような人生の一大イベントが起こりやすいタイミングです。人生を変えるような出会いが巡ってくる可能性もあります。

２０２５年なかばから２０２６年なかば、木星はあなたから見て「お金、所有、獲得、経済活動、ゆたかさ、実力」などを象徴する場所を運行します。平たく言って「金運のいいとき」です。特に、自分自身の力で価値あるものを生み出したり、勝ち取ったりできるタイミングです。２０２５年なかばまでにスタートさせた活動から、最初の収穫ができるときとも言えます。

２０２６年なかばから２０２７年７月にかけて、木星は「コミュニケーション、学び、移動、兄弟姉妹、地域コミュニティ、短い旅」を象徴する場所に滞在します。旅に出る機会が増え、ゆたかなコミュニケーションに包まれる時期です。

精力的に学んで大きな成果を挙げられるときでもあります。

2026年なかばまでに仕入れたものを、ここでマーケットに持っていく人もいるでしょう。

あるいは、2026年なかばまでに貯めたお金を旅費として、2026年なかば以降、冒険旅行に出る人もいるでしょう。

・冥王星の移動

2024年11月、冥王星が山羊座から水瓶座への移動を完了します。

この移動は2023年3月から始まっており、逆行、順行を繰り返して、やっと2024年に「水瓶座へ入りきる」ことになるのです。冥王星が山羊座入りしたのは2008年、前述のとおりリーマン・ショックが起こったタイミングでした。

冥王星は「隠された大きな財、地中の黄金、大きな支配力、欲望、破壊と再生、生命力」等を象徴する星とされます。この星が位置する場所の担うテーマは、私たちを否応ない力で惹きつけ、支配し、振り回し、絶大なるエネルギーを引き出させたあと、不可逆な人間的変容を遂げさせて、その後静かに収束します。

2008年から冥王星が位置していた山羊座は、双子座から見て「他者の財、パートナーの経済状態、性、遺伝、継承、贈与、経済的な人間関係」などを象徴する場所です。

2008年から今に至るまで、他者との関係における「お金の流れ」が、大きく変わってきたのではないでしょうか。

あるいは、経済的な役割分担が変わるとか、他者のお金を自分の手であつかうようになる、などの変化が起こったかもしれません。人の力と自分の力がどこかで融け合い、そこから新しい人生の局面が立ち現れたのではないかと思います。

2024年、冥王星が移動していく先の水瓶座は、双子座から見て「冒険、学問、高等教育、遠方への旅や移動、専門分野、親戚縁者、宗教、理想」などを象徴する場所です。

もともと、双子座の人々は旅への熱い思いを抱いていますが、ここから２０４３年ごろにかけて、その熱い思いがより大きく燃え上がることになりそうです。旅することと、遠出すること自体が野心や夢と直結し、あなたを新しい場所へと連れて行くことになるかもしれません。

さらに、学問的な野心を生きる人、専門分野における大きな成功を目指す人もいるでしょう。

ある世界において強い発言力を持つべく、ひたむきに努力する人もいるだろうと思います。

このような情熱、野心は、ときにあなたの人生全体を支配するように思えるかもしれません。旅や学びに関する野心があなたの生活を乗っ取り、一方でほかの物事が犠牲になったように見える場面もあるかもしれません。

衝動的に遠出したり、ある考えに心を奪われたりした結果、生まれ変わるような体験をする人もいるでしょう。

自分でもコントロール不能な「旅の衝動」を生きるなかで、新しい人生の「場」にたどり着くことになるのかもしれません。

5

双子座の世界

双子座について

双子座の「双子」は、星の名でもあるカストルとポルックスです。ギリシャ神話の英雄で、ふたりあわせて「ディオスクロイ」と呼ばれることもあります。ですがこのふたり、実は「異父兄弟」で、さらに言えば厳密には、双子ではなく4つ子なのです。

彼らの母親、スパルタ王妃レダといえば、ギリシャ神話では有名な美女です。大神ゼウスが彼女の美貌に魅せられ、白鳥に姿を変えて近づき、思いを遂げたのです。このときの白鳥が、「はくちょう座」になったと言われます。

聖なる白鳥に愛されたレダは、同じ夜に夫のスパルタ王とも同衾《どうきん》しました。そこで王とのあいだにクリュタイムネストラとカストルを、ゼウスとのあいだにヘレネとポルックスを宿したのです。

一説に、レダは卵を産み落とし、そこから4つ子が生まれたとされています（！）。ディオスクロイはしばしば絵画に描かれますが、翼を生やした天使のような姿をしています。卵も、翼も、白鳥になったゼウスに由来するのでしょう。

こういうわけで、神の子であるポルックスは永遠の命を与えられており、人の子であるカストルは「死すべき存在」なのでした。

カストルが闘争によって命を失おうとしたとき、ポルックスは父であるゼウスに、自分の命を分けてもらえるよう祈りました。ゼウスはこれをゆるし、ふたりは1年の半分を天界で、もう半分を地上で暮らすようになった、と言われます。

よく似たところと、まったく違うところ。

私たちの人間関係においても、このふたつは非常に重要です。だれかに出会うと、私たちは相手との共通点を探しながら、同時に、おたがいの違いに敏感に反応します。似たところを手掛かりにして近づき、たがいの違いに惹かれ合って、心の結びつきが生まれます。親友のふたりも、愛し合うふたりも、「よく似ていながら、まったく違っている」ことを味わいながら、その結びつきを深めていきます。

双子座は、世界中に散らばった自分のかけらを探して旅をする星座です。それと同時に、自分がまだ見たことのないもの、決して手の届かないところにあるものにも、あこがれ続けています。もし、世界がすべて自分と似通ったものでできているなら、旅をする理由はないでしょう。そしてもし、世界が自分とまったく関係がないものなら、やはり、旅をする理由がありません。

似ているものと、相反するもの。そのふたつがたがいに交わり合うところに、双子座の物語があるのです。

双子座は知性の星座で、旅の星座で、コミュニケーションの星座である、とされています。これらのキーワードはすべて、爽やかで知的で、なめらかです。ですが同時に双子座は、嵐の星座であり、予定調和を破壊する理不尽や不可解を象徴する星座でもあります。

「双子」が誕生するメカニズムが明らかでなかった古い時代には、双子が生まれるということは、「怪異」「神秘」と認識されたことも多かったのです。ご紹介したとおり、双子座の神話も非常にユニークです。神話だから当然とも言えますが、それにしてもかなりとんがっています。

さらに言えばギリシャ神話のメインテーマのひとつ、「トロイア戦争」の原因がここにあります。「トロイのヘレネ」、戦争の発端となった絶世の美女、ヘレネは、ほかならぬディオスクロイの姉妹なのです。トロイア戦争という大混乱は、双子座と密接に結びついています。

双子座は「波瀾」「神秘」の象意を含んでいます。常識的な未来、予測可能な未来が乱されるということです。

実際、双子座の人々は予定調和を嫌いますし、何か変わったこと、おかしなことを探し求めているようなところがあります。だれもが納得する常識的な形式にすべてが収まる、という状況を「気持ちが悪い」と感じる人もいます。何かしらはみ出したり、ぶつかったりしているほうがむしろ、気持ちがいいのです。

双子座の人々のふしぎな「破壊衝動」は、プラトンの『饗宴』に登場する「球体人間」を真っ二つに割った力につながるのかもしれません。『饗宴』によれば人間は大昔、球体としてゴロゴロ転がっていたのだそうです。それが真っ二つに割れて、今の人間の姿になりました。ゆえに人間は皆、もとの完全な姿に戻りたくて、自分の半身を探し続けている、というのです。

現実の「双子」はもちろん、一人ひとりが独立した個性であり、「ふたりでひとり」などではありません。ですがあくまで神話的なイメージの「双子」は、「ふたりで完全になれる」というイメージとどこかで、重なり合っている気がします。しかし「完全体」自体には、なんのおもしろみも、変化もありません。ふたつに分かれて対話をし、愛し合い、ときには争ってこそ、物語が生まれます。

双子座は、片割れを探し求める衝動と、片方ずつに分かれる衝動との両方を含んだ、両義的な世界です。

双子座の人々は「もうひとりの自分」を探し求め、「もうひとりの自分」と闘い、愛し合い、ひとつになり、さらにふたたび「もうひとりの自分」を発見し、というふうに、ひとりとふたりのあいだを二重螺旋のように生き続ける存在なのかもしれません。

おわりに

これでシリーズ4作目となりました「3年の星占い」、お手にとってくださって誠にありがとうございます。

これまで毎回、冒頭にショートショートを書いてきたのですが、今回はあえて小説の形式をやめ、「象徴の風景」を描いてみました。

というのも、2024年から2026年は長い時間を司る星々が相次いで動く、特別な時間だったからです。天王星、海王星、冥王星の象徴する世界観は、無意識や変革、再生といった、かなり抽象的なテーマを担っています。日常語ではとらえにくいことをたくさん書くことになるので、思いきって「シンボル」自体にダイレクトに立ち返ってみよう、と思った次第です。

もとい、これまでの冒頭のショートショートにも、たくさんの象徴的隠喩を仕込んできました。あの短い小説のなかに、「3年」のエッセンスをぎゅっと詰め込む工夫をするのは、毎回、私の大きな楽しみでした。ただ、あのような「匂わせ」のかたちでは、今度の「3年」の大きさ、力強さが表しにくいと思ったのです。

「花言葉」が生まれたのは、直接思いを言葉にすることがマナー違反とされた時代だったそうです。心に秘めた思いを花に託して、人々はメッセージを伝えようとしたのです。「あなたを愛しています」と伝えるために、真っ赤なバラを贈るしかなかった世の中では、すべてのものがメッセージに見えていたのかもしれません。赤いバラを手渡して、相手に愛を理解してもらおうとするのは、「隠喩」「アナロジー」の原点だろうと思います。

当たるか当たらないかにかかわらず、「双子座の人に、向こう3年、何が起こるか」ということを個別具体的に書くことはほぼ、不可能です。というのも、「双子座の人」といっても十人十色、本当にさまざまな立場、状況があるはずだからです。可能性のあるすべての出来事を箇条書きにするようなことができなくはないかもしれませんが、それでは、なんのことだかかえってわからなくなってしまいます。ゆえに、こうした占いの記事は「隠喩」でいっぱいにならざるを得ません。

かのノストラダムスも、直接的な表現はほとんどしていません。彼は詩で占いを書き、後世の人々がその隠喩をさまざまに「解読」しようとしました。本書のような生活に根ざした「実用書」であっても、読み手側のすることはほとんど変わらないように思えます。すなわち、自分に起こりそうな出来事、すでに起こっている出来事と占いを照らし合わせ、そのシンボリズムを解読、デコードしていくのです。

ゆえに占いは、どんなに現実的なものであっても、「謎解き」の部分を含んでいて、神秘的です。そこには、解読されるべき秘密があるのです。

そして私たちの心にもまた、それぞれに自分だけの秘密があります。だれもがスマートフォンでSNSに接続し、どんなことでもテキストや動画で伝え合って「共有」している世の中では、まるで秘密などないようにあつかわれています。ですがそれでも、私たちの心にはまだ、だれにも打ち明けられない秘密があり、内緒話があり、まだ解かれない謎があります。

だれかに語った瞬間に特別なきらめきを失ってしまう夢もあります。だれの胸にもそんな、大切に守られなければならない秘密や夢があり、その秘密や夢を、希望といううっすらとした靄《もや》がくるみこんでいるのだと思います。

これだけ科学技術が発達してもなお、占いは私たちの「心の秘密」の味方です。

本書が、この3年を生きるあなたにとって、ときどき大切な秘密について語り合えるささやかな友となれば、と願っています。

太陽星座早見表

(1930～2027年／日本時間)

太陽が双子座に入る時刻を下記の表にまとめました。
この時間以前は牡牛座、この時間以後は蟹座ということになります。

生まれた年	期　間
1954	5/21 23:47～6/22 7:53
1955	5/22 5:24～6/22 13:30
1956	5/21 11:13～6/21 19:23
1957	5/21 17:10～6/22 1:20
1958	5/21 22:51～6/22 6:56
1959	5/22 4:42～6/22 12:49
1960	5/21 10:34～6/21 18:41
1961	5/21 16:22～6/22 0:29
1962	5/21 22:17～6/22 6:23
1963	5/22 3:58～6/22 12:03
1964	5/21 9:50～6/21 17:56
1965	5/21 15:50～6/21 23:55
1966	5/21 21:32～6/22 5:32
1967	5/22 3:18～6/22 11:22
1968	5/21 9:06～6/21 17:12
1969	5/21 14:50～6/21 22:54
1970	5/21 20:37～6/22 4:42
1971	5/22 2:15～6/22 10:19
1972	5/21 8:00～6/21 16:05
1973	5/21 13:54～6/21 22:00
1974	5/21 19:36～6/22 3:37
1975	5/22 1:24～6/22 9:25
1976	5/21 7:21～6/21 15:23
1977	5/21 13:14～6/21 21:13

生まれた年	期　間
1930	5/22 4:42～6/22 12:52
1931	5/22 10:15～6/22 18:27
1932	5/21 16:07～6/22 0:22
1933	5/21 21:57～6/22 6:11
1934	5/22 3:35～6/22 11:47
1935	5/22 9:25～6/22 17:37
1936	5/21 15:07～6/21 23:21
1937	5/21 20:57～6/22 5:11
1938	5/22 2:50～6/22 11:03
1939	5/22 8:27～6/22 16:38
1940	5/21 14:23～6/21 22:35
1941	5/21 20:23～6/22 4:32
1942	5/22 2:09～6/22 10:15
1943	5/22 8:03～6/22 16:11
1944	5/21 13:51～6/21 22:01
1945	5/21 19:40～6/22 3:51
1946	5/22 1:34～6/22 9:43
1947	5/22 7:09～6/22 15:18
1948	5/21 12:58～6/21 21:10
1949	5/21 18:51～6/22 3:02
1950	5/22 0:27～6/22 8:35
1951	5/22 6:15～6/22 14:24
1952	5/21 12:04～6/21 20:12
1953	5/21 17:53～6/22 1:59

生まれた年	期間
2003	5/21 20:13 ～ 6/22 4:11
2004	5/21 2:00 ～ 6/21 9:57
2005	5/21 7:48 ～ 6/21 15:46
2006	5/21 13:33 ～ 6/21 21:26
2007	5/21 19:13 ～ 6/22 3:07
2008	5/21 1:02 ～ 6/21 8:59
2009	5/21 6:52 ～ 6/21 14:46
2010	5/21 12:35 ～ 6/21 20:29
2011	5/21 18:22 ～ 6/22 2:17
2012	5/21 0:17 ～ 6/21 8:09
2013	5/21 6:11 ～ 6/21 14:04
2014	5/21 12:00 ～ 6/21 19:51
2015	5/21 17:46 ～ 6/22 1:38
2016	5/20 23:38 ～ 6/21 7:34
2017	5/21 5:32 ～ 6/21 13:24
2018	5/21 11:16 ～ 6/21 19:07
2019	5/21 17:00 ～ 6/22 0:54
2020	5/20 22:50 ～ 6/21 6:44
2021	5/21 4:38 ～ 6/21 12:32
2022	5/21 10:24 ～ 6/21 18:14
2023	5/21 16:10 ～ 6/21 23:58
2024	5/20 22:01 ～ 6/21 5:51
2025	5/21 3:56 ～ 6/21 11:42
2026	5/21 9:38 ～ 6/21 17:25
2027	5/21 15:19 ～ 6/21 23:11

生まれた年	期間
1978	5/21 19:08 ～ 6/22 3:09
1979	5/22 0:54 ～ 6/22 8:55
1980	5/21 6:42 ～ 6/21 14:46
1981	5/21 12:39 ～ 6/21 20:44
1982	5/21 18:23 ～ 6/22 2:22
1983	5/22 0:06 ～ 6/22 8:08
1984	5/21 5:58 ～ 6/21 14:01
1985	5/21 11:43 ～ 6/21 19:43
1986	5/21 17:28 ～ 6/22 1:29
1987	5/21 23:10 ～ 6/22 7:10
1988	5/21 4:57 ～ 6/21 12:56
1989	5/21 10:54 ～ 6/21 18:52
1990	5/21 16:37 ～ 6/22 0:32
1991	5/21 22:20 ～ 6/22 6:18
1992	5/21 4:12 ～ 6/21 12:13
1993	5/21 10:02 ～ 6/21 17:59
1994	5/21 15:48 ～ 6/21 23:47
1995	5/21 21:34 ～ 6/22 5:33
1996	5/21 3:23 ～ 6/21 11:23
1997	5/21 9:18 ～ 6/21 17:19
1998	5/21 15:05 ～ 6/21 23:02
1999	5/21 20:52 ～ 6/22 4:48
2000	5/21 2:49 ～ 6/21 10:47
2001	5/21 8:45 ～ 6/21 16:38
2002	5/21 14:30 ～ 6/21 22:24

石井ゆかり（いしい・ゆかり）

ライター。星占いの記事やエッセイなどを執筆。情緒のある文体と独自の解釈により従来の「占い本」の常識を覆す。120万部を超えた「12星座シリーズ」のほか、多くのベストセラー&ロングセラーがある。『月で読む　あしたの星占い』『新装版　12星座』（すみれ書房）、『星占い的思考』（講談社）、『禅語』『青い鳥の本』（パイインターナショナル）、『星ダイアリー』（幻冬舎コミックス）ほか著書多数。

LINEや公式Webサイト、Instagram、Threads等で毎日・毎週・毎年の占いを無料配信中。

公式サイト「石井ゆかりの星読み」https://star.cocoloni.jp/

インスタグラム　@ishiiyukari_inst

[参考文献]
『完全版 日本占星天文暦 1900年～2010年』
魔女の家BOOKS　アストロ・コミュニケーション・サービス
『増補版 21世紀占星天文暦』
魔女の家BOOKS　ニール・F・マイケルセン
『Solar Fire Ver.9』（ソフトウエア）
Esotech Technologies Pty Ltd.

[本書で使った紙]

本文	アルトクリームマックス
口絵	OK ミューズガリバーアール COC ナチュラル
表紙	バルキーボール白
カバー	ジェラード GA プラチナホワイト
折込図表	タント N-61

すみれ書房
石井ゆかりの本

新装版 12星座

定価 本体1600円+税
ISBN978-4-909957-27-6

生まれ持った性質《しくみ》の、深いところまでわかる、
星占い本のロングセラー。

星座と星座のつながりを、物語のように読み解く本。
牡羊座からスタートして、牡牛座、双子座、蟹座……魚座で終わる物語は、読みだしたら止まらないおもしろさ。各星座の「性質」の解説は、自分と大切な人を理解する手掛かりになる。仕事で悩んだとき、自分を見失いそうになるとき、恋をしたとき、だれかをもっと知りたいとき。人生のなかで何度も読み返したくなる「読むお守り」。

イラスト：史緒　ブックデザイン：しまりすデザインセンター

すみれ書房
石井ゆかりの本

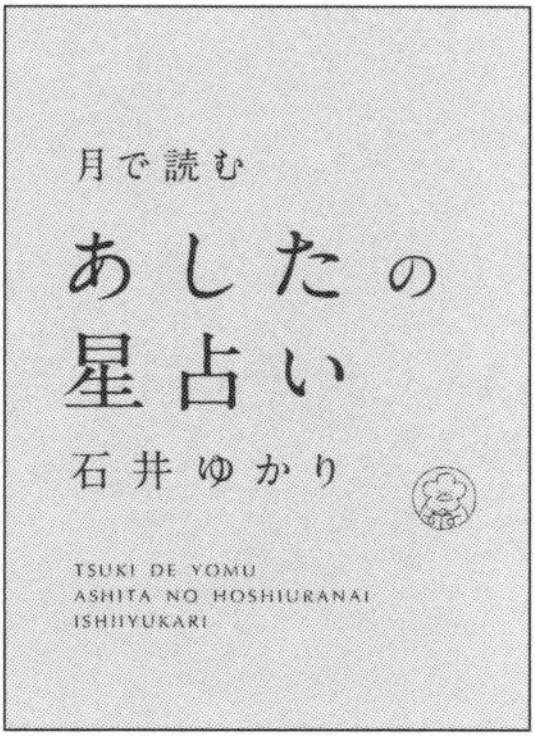

月で読む　あしたの星占い

定価 本体 1400 円 + 税
ISBN978-4-909957-02-3

簡単ではない日々を、
なんとか受け止めて、乗り越えていくために、
「自分ですこし、占ってみる」。

石井ゆかりが教える、いちばん易しい星占いのやり方。
「スタートの日」「お金の日」「達成の日」ほか 12 種類の毎日が、2、3日に一度切り替わる。膨大でひたすら続くと思える「時間」が、区切られていく。あくまで星占いの「時間の区切り」だが、そうやって時間を区切っていくことが、生活の実際的な「助け」になることに驚く。新月・満月についても言及した充実の 1 冊。　イラスト：カシワイ　ブックデザイン：しまりすデザインセンター

3年の星占い　双子座
2024年-2026年

2023年11月20日第1版第1刷発行
2024年10月17日　　　　第3刷発行

著者
石井ゆかり

発行者
樋口裕二

発行所
すみれ書房株式会社
〒151-0071　東京都渋谷区本町6-9-15
https://sumire-shobo.com/
info@sumire-shobo.com〔お問い合わせ〕

印刷・製本
中央精版印刷株式会社

ISBN978-4-909957-31-3　　Printed in Japan
NDC590　159p　15cm